Orte der Muße

Band 3

Gerti Keller Willy Peter Müller

Mit Fotografien von Eddi Meier

Orte der Muße Band 3

12 Wanderungen
und Ausflüge zu
zauberhaften Plätzen
zwischen Rhein und Eifel

J.P. BACHEM VERLAG

Titelbild: Eifel-Toskana bei Ochtendung
Vordere Innenklappe: Insel Hombroich – Brücke zur Hohen Galerie
Hintere Innenklappe: Fischteich bei Erkrath
S. 6/7: Halde Norddeutschland
S. 58/59: Lucretiasee/Ville
S. 106/107: Insel Hombroich – Das Parlament (Anatol Herzfeld)

Bibliografische Information Der Deutschen Bibliothek
Die Deutsche Bibliothek verzeichnet diese Publikation in der
deutschen Nationalbibliografie; detaillierte bibliografische Daten
sind im Internet über **http://dnb.d-nb.de** abrufbar.

1. Auflage 2011
© J.P. Bachem Verlag, Köln 2011

Einbandgestaltung und Innenlayout: Barbara Meisner, Düsseldorf
Lektorat: Kirsten Nagel, Köln
Karten: Angelika Solibieda, cartomedia, Karlsruhe
Reproduktionen: Reprowerkstatt Wargalla GmbH, Köln
Druck: Grafisches Centrum Cuno, Calbe
Printed in Germany
ISBN: 978-3-7616-2342-8

Mit unserem **Newsletter** informieren
wir Sie gerne über unser Buchprogramm.
Bestellen Sie ihn kostenfrei unter
 **www.bachem.de/verlag**

Auch als
E-Book
erhältlich

Im Apple iBookstore und überall,
wo es elektronische Bücher gibt.
Weitere Informationen auch unter
www.bachem.de/ebooks

Orte mit Weitblick
Grüne Wege und schräge Panoramen

Orte am Wasser
Flüsse, Seen und Auen

Orte mit „Spirit"
Magische Plätze und alte Geschichten

Orte mit Weitblick

Grüne Wege und schräge Panoramen

1

Bauernhöfe, Backstein, Borstenvieh

Sonsbecker Schweiz und Bislicher Insel

Eigentlich ist die weite, niederrheinische Flussebene platt wie ein Pfannkuchen. So kann man heute schon sehen, wer morgen zu Besuch kommt. Doch nicht überall: Bei Xanten erhebt sich eine bucklige Hügelkette – die romantische Sonsbecker Schweiz. Folgen Sie uns in eine sehr ländliche Gegend, die für ruhige Spaziergänge bestens geeignet ist.

524 km Schweiz

Wanderung Sonsbecker Schweiz

Länge: circa 12 km, Gehzeit: rund 3 Stunden,
Schwierigkeitsgrad: einfach

Wir starten vor dem Sonsbecker Rathaus – und befinden uns damit gleich mitten in der Stadtgeschichte. Direkt neben dem Parkplatz steht der **Ferkelbrunnen**. Er erinnert an die gute alte Zeit, als in Sonsbeck noch kleine Schweine per Handschlag den Besitzer wechselten: auf dem Sonsbecker Ferkelmarkt, dessen Ursprünge ins 15. Jahrhundert zurückreichen. Bis die ersten Tiefkühltruhen aufkamen, deckten sich hier neben den Händlern auch die Einheimischen ein. Vor wenigen Jahrzehnten war es noch durchaus üblich, neben dem Haus einen Stall zu haben und „twee Pogge fett te make", wie der Niederrheiner sagt. Zeitweise zählte der Sonsbecker Ferkelmarkt sogar zu den größten Deutschlands. Selbst Operettenfürst Ivan Rebroff schaute 1981 vorbei, wie die Sonsbecker sich stolz erinnern.

Früher feilschten die Händler auf dem Markt um den besten Ferkelpreis.

Links: Die Sonsbecker Schweiz ist eine von vielen Schweizen dieser Welt.

Wir überqueren die breite Balberger Straße und tauchen gegenüber in die Straße „In der Huf" ein. Nun geht es einige Minuten immer geradeaus an Einfamilienhäusern vorbei. Gemähte Gärten, gefegte Treppen, lustige Frösche aus Stein – die Welt scheint noch in Ordnung zu sein in Sonsbeck. Am Ende der Straße sehen wir den runden **Römerturm** aufragen. Er stammt zwar „nur" aus dem Jahr 1417 und ist das letzte Überbleibsel der Klever Burg, aber sein Name erinnert daran, dass einst am Fuß der Sonsbecker Schweiz ein römischer Wachturm stand. Dieser

Beherbergt heute ein Hotel: der historische Römerturm

kontrollierte die Straße, die sich vom Legionärslager Cas-
tra Vetera (nahe dem heutigen Xanten gelegen) bis in die
Niederlande erstreckte.

Vor dem wuchtigen Rundturm befindet sich der Durch-
gang zum **St.-Gerebernus-Kapellchen**, dem man einen
kurzen Besuch abstatten sollte. Die Wallfahrtskirche wurde im 12. Jahrhundert zu Ehren der heiligen Dymphna
und des heiligen Gerebernus erbaut. Der Legende zufolge
war Gerebernus ein irischer Priester. Als Dymphna, die
Tochter eines irischen Stammeskönigs, ihren eigenen
Vater heiraten sollte, floh er mit ihr ins heutige Belgien,
wo beide den Märtyrertod starben. Seine Gebeine sollen
Xantener Pilger aus dem Sarg stibitzt und bis nach Sonsbeck gebracht haben, wo sie sich – laut der Legende –
nicht mehr von der Stelle bewegen ließen. Reliquien
waren damals heiß begehrt, denn sie verwandelten ihre
Ruhestätte in einen Wallfahrtsort, was zu jener Zeit ein
gewinnbringender Wirtschaftsfaktor war. Außerdem wur-

154 Stufen
führen auf
den Aus-
sichtsturm
auf dem
Dürsberg.

Weiter Blick bis zu den Zwillingstürmen von Xanten

de der Reliquienraub eher als kleinere Sünde angesehen, da der Heilige es ja zugelassen hatte … Sehenswert ist unter anderem ein seltener Kriechaltar, der sich im Unterbau des Barockaltars im linken Seitenschiff befindet. Die Pilger krochen auf allen Vieren hinein, damit die Kraft der im Altar verborgenen Reliquien auf ihren ganzen Körper wirken konnte. Die Rillen im Boden stammen von den Spitzen ihrer Holzschuhe.

Anschließend geht es zurück zum Römerturm, wo wir uns nach rechts wenden und dem Schild „Zum Aussichtsturm" folgen. Jetzt sind wir auf dem 1,2 Kilometer langen Geologischen Wanderweg. Er beginnt vor etwa 70 Millionen Jahren, als am Niederrhein noch ein tropisches Meer wogte. Station 4 erklärt, wie riesige Eismassen, die aus Skandinavien kamen, während der vorletzten Eiszeit Erde, Sand, Schotter und Steine zu sogenannten Moränen zusammenschoben. Zurück blieb die Sonsbecker Schweiz.

Wir marschieren durch den Hohlweg auf den Höhenzug zu. Das Auge schweift über Wiesen und Felder. Auf der Kuppe angekommen, biegen wir rechts ab und erklimmen den hölzernen **Aussichtsturm**. Er steht auf dem Dürsberg, der zu den höchsten Erhebungen des Hügelrückens gehört. 154 Stufen führen auf die dreieckige Plattform, die 100 Meter über dem Meeresspiegel liegt. Sie bietet einen herrlichen Rundblick über die bewaldeten Buckel, die Doppeltürme von Xanten und die Weite des Nierstals.

Danach kehren wir zurück zum geteerten Hauptweg, dem wir weiter nach rechts folgen. Nun laufen wir über die Höhe und biegen auf dem zweiten Weg (der erste führt nur zu einem Bauernhof) direkt nach dem Wäldchen links ab (Radweg R13). Wir kommen an einigen Häusern vorbei, dann geht es nach rechts (jetzt befinden wir uns auf dem Weg mit der Markierung X) und anschließend an der Trafostation wieder nach links (in den Kervenheimer Weg). In der Ferne ist oft das Rasseln eines Traktors zu hören, über die Hügelchen verstreut liegen Gehöfte aus

Landluft: Immer noch sind viele Schweinchen „made in Sonsbeck".

Backstein, in denen immer noch recht viele Ferkelchen quietschen.

Bald biegen wir nach links in die Wiegestraße (Zeichen A2) ein. Nun liegt dem Wanderer Sonsbeck zu Füßen – rund um uns sind gleich mehrere Kirchtürme auf einmal zu sehen. Wir kommen an einer einzelnen großen Eiche vorbei, unter der eine Bank zum Verweilen einlädt. An der nächsten Wegkreuzung besteht die Möglichkeit abzukürzen: Wer dies möchte, biegt links in den St.-Annen-Weg ein und kommt nach ein paar Hundert Metern am Römerturm wieder heraus.

Der höchste Punkt der sanft geschwungenen Sonsbecker Schweiz liegt 87 Meter über NN.

Alle anderen folgen dem St.-Annen-Weg nach rechts. Diese Strecke bringt uns bald zu ein paar Fischweihern. Gleich hinter ihnen überqueren wir die Landstraße, wobei wir geradeaus auf die Windräder zuhalten. Beim ersten Windrad drehen wir wieder nach links in den nächsten Feldweg ab und laufen auf das andere Windrad zu, das sich dort in circa 50 Metern Entfernung dem Himmel

entgegenstreckt. Zu unserer rechten Seite taucht bald der **Pauenhof** auf, der so ganz in diese rustikale Gegend passt: In seinen umgebauten Ställen – auch hier befand sich früher eine „Ferkelproduktion" – residiert heute eines der größten Treckermuseen der Republik. Bauer Johannes Troost hat auf seinem Hof über 300 Traktoren sowie 400 Landmaschinen, vom Kleingerät bis zum Mähdrescher, zusammengetragen. Unter den Exponaten befinden sich legendäre Schätzchen, wie der „Glühkopf-Bulldog" aus den 1920er Jahren. Große und kleine Kinder, die immer schon mal Trecker fahren wollten, sind hier richtig. Auf einem eigens dafür eingerichteten Parcours können sie mit und ohne Hänger über das Gelände knattern.

Vom Pauenhof aus biegen wir wieder nach rechts in die Landstraße ein, überqueren die L 460 (Balberger Straße) und spazieren weiter geradeaus. Jetzt geht es durch Flachland zurück. An der T-Kreuzung wenden wir uns nach links, am folgenden Abzweig wieder nach rechts und am nächsten Pfad (Leypäche) erneut nach links. Nun führt uns der Weg an einem schnurgeraden Bach entlang, an dessen Ufern schon mal ein Storch nach einem Frosch

Beliebtes Vergnügen für Groß und Klein: Trecker-fahren auf dem Pauenhof

Ausschau hält. Wir bleiben geradeaus, überqueren eine Landstraße, halten uns weiter am Bach entlang, bis wir wieder in Sonsbeck angelangt sind. Hier wenden wir uns nach links (Parkstraße) und biegen nach wenigen Metern rechts in das Sträßchen „Vollmühle" ein. Anschließend marschieren wir in Richtung der Windmühlräder und stehen kurz darauf vor der Gommanschen Mühle von 1840. Rund 150 Meter hinter der malerischen Turmwindmühle aus Backsteinen haben wir wieder das Rathaus erreicht.

Drehte sich schon vor 170 Jahren: die Gommansche Mühle.

Abstecher zur Bislicher Insel

Einmal in der Gegend, sollte man nicht versäumen der Bislicher Insel einen Besuch abzustatten. Hierzu fahren wir von Sonsbeck aus Richtung Xanten, immer geradeaus, dann Richtung Rhein/Bislicher Insel. Bald überqueren wir einen Deich und finden uns in einer Polderlandschaft wieder, die – wie früher die ganze Gegend – immer noch überflutet wird.

Ausflügler, die nur noch einkehren möchten, fahren bis zur Ausflugsgaststätte „Zur Rheinfähre" und genießen von der großen Außenterrasse den Blick auf den Rhein. Wer noch über Energiereserven verfügt, kann sich im Naturforum Bislicher Insel eine Ausstellung über Flora und Fauna anschauen. Dazu fahren Sie weiter, direkt am Rhein entlang, bis zum Naturforum, wo man auch parken darf. Wanderer, die noch ein wenig in die Altrheinschlinge hineinstromern möchten, laufen vom Naturforum ein paar Meter zurück und biegen in die nächste Straße (Bislicher Insel 3, 13, 13a, 13b) nach links ein (Tipp: eine Karte mit der folgenden Strecke ist im Naturforum erhältlich).

Der Abstecher dauert eine Stunde. Hin- und Rückweg sind identisch, aber es lohnt sich: Der Weg führt mitten ins Herz

Vor der Heimfahrt geht es noch am Rhein entlang zur Bislicher Insel.

der märchenhaften Lagunenlandschaft aus wogendem Schilf, rauschenden Erlen und stillen Seen, in denen sich der Himmel spiegelt. Nach rund 15 Minuten kommt man an den ersten Vogelguckhäuschen vorbei, die beiderseits des Weges stehen. Anschließend spaziert man durch eine lange Allee und kann mit etwas Glück am Wegesrand einen Fasan erspähen. Nach einer halben Stunde führt ein kleiner Pfad noch einmal zu einem Vogelguckhäuschen, wo unser Weg endet. Von hier aus eröffnet sich ein prächtiger Blick auf eine große Wasserlandschaft. Genau am anderen Ufer siedelt nach Auskunft des Naturforums die größte Kormoran-Kolonie Nordrhein-Westfalens, außerdem gibt es hier unter anderem arktische Wildgänse und Silberreiher, auch Nutrias (Biberratten) wurden gesichtet – und ab und zu ziehen majestätische Seeadler ihre Kreise über diesem selten schönen Naturparadies.

Anfahrt:

Nach Sonsbeck: A 57, Abfahrt Sonsbeck, in Sonsbeck vor dem Rathaus parken.
ÖPNV: Mit der Bahn nach Geldern oder Xanten, dann jeweils mit Bus Nr. 36 nach Sonsbeck (Haltestelle Neutorplatz).
Zur Bislicher Insel: Von Sonsbeck aus Richtung Xanten auf der Xantener Str./ Gelderner Str. immer geradeaus bis zum Rhein, dann rechts Eyländer Weg bis Naturforum.
ÖPNV: Ab Bahnhof Xanten Bus Nr. 40 bis Haltestelle Beekscher Weg, ab hier ca. 3 km Fußweg.

Auskunft:

Rathaus Sonsbeck, Herrenstr. 2, 47665 Sonsbeck, Tel. 02838/360,
www.sonsbeck.de

Adressen und Hinweise:

• Traktorenmuseum Pauenhof, Balberger Str. 72, 47665 Sonsbeck, Tel. 02838/2271, **www.traktorenmuseum-pauenhof.de**. Geöffnet: Di.–So. 10–18 Uhr.
• Naturforum Bislicher Insel, Bislicher Insel 11, 46509 Xanten, Tel. 02801/988230, **www.naturforum-bislicher-insel.de**. Geöffnet: 1. Apr.–31. Okt. Di.–So. 10–18 Uhr, übrige Monate bis 17 Uhr.
• Tipp für Hobby-Vogelkundler: Unter **www.vogelmeldung.de** finden Sie aktuelle Meldungen, welche Arten wo am Niederrhein gesichtet wurden.
• Ganz in der Nähe befindet sich auch der Archäologische Park Xanten, Wardter Straße, 46509 Xanten, Tel. 02801/9889213, **www.apx.de**.
Geöffnet: täglich 9–18 Uhr, Nov. bis 17 Uhr, Dez.–Febr. 10 bis 16 Uhr.

Einkehren:

Café-Restaurant Zur Rheinfähre, Bislicher Insel 1, 46509 Xanten, Tel. 02801/1334, **www.zur-rheinfaehre-xanten.de**. Geöffnet: Mo.–Fr. ab 10, Sa./So. ab 9 Uhr.
Nov.–März: Mo. Ruhetag.

Karte:

• Eine Karte zu Sonsbeck und Umgebung bekommt man im Rathaus, das aber nur unter der Woche geöffnet ist, ansonsten findet man auch unter **www.sonsbeck.de** eine Karte.
• Kompass Wanderkarte Nr. 752, „Niederrhein Nord, Reichswald, Gocher Heide", 1:50 000

2

Auf in die Berge – an den Niederrhein!

Ein Streifzug durch den Hülser Bruch

Am ländlichen Rand Krefelds kann man aller-
hand entdecken: einen alten Bohrturm, der Krefeld beinahe zum Heilbad gemacht hätte, Berge,
die erst im letzten Jahrhundert gewachsen sind,
und einen Spinnenforscher, den die Welt fast ver-
gessen hat. Folgen Sie uns in das Naturschutzgebiet Hülser Bruch – und erleben Sie einen Wald-
spaziergang mit viel Lokalkolorit.

Wanderung durch den Hülser Bruch

Länge: circa 8 km, Gehzeit: rund 2,5 Stunden,
Schwierigkeitsgrad: einfach

Startpunkt der Tour ist der geologische Garten.

Bergschänken liegen naturgemäß auf Bergen. So auch die Hülser Bergschänke, obgleich der Hülser Berg nur 63 Meter hoch ist. Dennoch ist er die höchste natürliche Erhebung Krefelds und hat inzwischen rund 140000 Jahre auf dem Buckel. Er entstand während der letzten Eiszeit, als skandinavische Gletscher Massen an Geröll vor sich herschoben. Dieses Gemisch aus Lehm und Steinen blieb nach dem Abtauen einfach liegen. Der Volksmund hat allerdings eine andere Erklärung: Der Sage nach bildete sich der Huckel aus Sand, den Riesen bei der Durchreise von ihren Holzschuhen abstreiften.

Wir starten an dem kleinen geologischen Garten, der sich direkt vor der Gaststätte befindet. Hier hat der engagierte Heimatforscher Dr. Albert Steeger vor vielen Jahren einige Gesteinsbrocken zusammengetragen, die zeigen, wie das Hügelchen unter der Oberfläche aussieht. Vom geologischen Garten gehen wir links am Spielplatz vorbei. Nach wenigen Metern erhebt sich vor uns der **Johannesturm**. Er verdankt seine Existenz dem ehemaligen Reich-

Links: Die kugelrunde Halde Norddeutschland – ein Eldorado für Trendsportler

tum Krefelds, das früher auch Samt- und Seidenstadt genannt wurde. Die dort ansässigen Seidenbarone belieferten fast den gesamten europäischen Adel mit den edlen Stoffen. Einer von ihnen, der Seidenhändler Johannes Junkers, ließ 1886 einen ersten hölzernen Turm bauen, den der Sturm jedoch schon nach wenigen Tagen umwarf. Ein Jahr später folgte die erste eiserne Variante. Das heutige Modell stammt aus den 1970er Jahren – und ist eine Herausforderung für jeden Menschen mit Höhenangst:

Treppe und Böden bestehen komplett aus Gitterrosten. Da hilft nur geradeaus schauen oder unten bleiben. Wer die 163 Stufen aber bewältigt hat, wird mit einem schönen Rundblick belohnt: Über den Wipfeln des Waldes sieht man im Westen den Hülser Kirchturm, im Norden den Beginn des Ruhrgebiets mit Moers und Duisburg, im Osten das Braunkohletagebaugebiet von Grevenbroich (bei guter Sicht kann man sogar die großen Bagger erkennen) und im Süden fällt der Blick auf zwei weitere runde Buckel. Der größere von beiden ist der Inrather Berg, der mit seinen 87 Metern die wiederum höchste künstliche Erhebung Krefelds bildet. Er besteht aus dem Bombenschutt des Zweiten Weltkrieges und verschluckte ganze Häuserreste. Bei dem kleineren Kapuziner Berg (77 Meter) handelt es sich um eine ehemalige Hausmüllkippe der Stadt.

Vom Aussichtsturm zweigen mehrere Wege ab. Wir wählen den zweiten links vom Gedenkstein (der an die Errichtung des Turms erinnert), gehen anschließend an der ersten Kreuzung rechts und spazieren über den Rücken des kleinen Höhenzuges. Dieser wurde übrigens erst vor rund 100 Jahren mit Bäumen bepflanzt – und zwar ebenfalls

Bizarre Industriepanoramen gehören ebenfalls zum Niederrhein.

Den Hülser Berg durchziehen mehrere lauschige Waldpfade.

von Johannes Junkers, der eine Zeit lang den halben Berg sein Eigen nannte. Zuvor befand sich hier eine Heidelandschaft, so dass der Hügel dereinst von Weitem wie eine große Düne aussah. Entlang des Weges tauchen nun hie und da große, runde Erdlöcher auf. Keine Bombentrichter, wie man vielleicht meinen könnte, sondern sogenannte Tonkuhlen. Hüls war früher eines der bedeutendsten Pottbäckerdörfer am linken Niederrhein. Aus den Kuhlen holten die Lehmstecher den Rohstoff für die Keramik- und Ziegelproduktion heraus.

Wir folgen dem grünen Schild „Waldlehrpfad" nach links, kommen dabei an einem Wildschweingehege vorbei und bleiben auf dem Weg. Am Fuß des „Berges" gehen wir

weiter geradeaus und gelangen nun auf einen Wander-
und Reitweg (A4). An seinem Ende passieren wir den
malerischen Hubertushof, an dessen Tür man mit etwas
Glück Marmelade erstehen kann. Hier verläuft die Landstraße Steeger Dyk, die nach dem schon erwähnten Heimatforscher benannt wurde. Dyk wiederum ist das alte
niederrheinische Wort für Deich, viele Wege im Bruch
heißen so. Da das hiesige Gebiet früher viel feuchter war,
zog man Gräben und warf den Aushub zu befahrbaren
Dämmen/Dyks auf.

Nachdem wir nun den Hülser Berg hinter uns gelassen
haben, überqueren wir die Landstraße und tauchen auf
der anderen Straßenseite in den **Hülser Bruch** ein. Vorbei
geht es an den für den Niederrhein so typischen Kopfweiden, durch eine sumpfige Landschaft, in der Eschen
und Schwarzerlen wachsen – immer geradeaus, bis sich
vor uns die dunkle Masse eines alten Bekannten auftürmt:
der Inrather Berg. An seinem Fuß biegen wir links ab
und folgen nun dem breiten Weg bis zu einer Kreuzung.
Hier machen wir einen kurzen Abstecher nach rechts,
zum **Krefelder Sprudel**. Nach rund 400 Metern gelangen
wir zu einem Ausflugslokal, aus dem ein alter Bohrturm
aufragt. An dieser Stelle hoffte man anno 1891 Kohle zu
finden, vergeblich. Stattdessen spritzte eine meterhohe
Wasserfontäne auf. Dr. Fresenius aus Wiesbaden, der Ex-
perte, dessen Name sich immer noch als Qualitätssiegel
auf Mineralwasserflaschen findet, bescheinigte dem Nass
eine Heilkraft gegen Gicht und andere Zipperlein. Ein
Bad Krefeld war schon in Sichtweite, doch dann stellte
der Sprudel das Sprudeln wieder ein.

Wir gehen zur Kreuzung zurück, folgen rechter Hand wieder dem breiten Weg und biegen bei der nächsten Möglichkeit links ab. Nach rund 400 Metern begegnet uns auf
einer Lichtung ein kurioser Gedenkstein. Er erinnert an

Immer der Nase nach zum Wildschweingehege am Hülser Berg

den Hülser Spinnenforscher Herbert Casemir, der hier Anfang der 1950er Jahre in einem Tümpel die kleinste Zwergkreuzspinnenart der Welt, Theridiosoma gemmosum, wiederentdeckt hat. Sie galt seit dem Jahr 1870 als verschollen.

Wir bleiben in Laufrichtung, wechseln aber nach kurzer Zeit in den Heinrich-Mertens-Weg (benannt nach einem wohlverdienten Jugendwanderführer), der links abzweigt. Er verwandelt sich bald in einen lauschigen Dyk. Hat man den nächsten Querweg erreicht, spaziert man auf diesem rund 20 Meter nach links, bis der Heinrich-Mertens-Weg weitergeht. Diesem folgen wir, bis er uns auf den schon bekannten Weg führt, den wir wieder rechter Hand zurück zum **Hubertushof** laufen.

Beim Hubertushof angelangt, nehmen wir den ebenfalls schon bekannten Wander- und Reitweg (A4). Auf diesem spazieren wir bis zu einem Platz am Fuße des Hülser Berges, an dem auf der linken Seite Nisthilfen für Bienen und Wespen aufgestellt sind. Hier ist der Beginn des Waldlehrpfads/Heinrich-Gallhof-Wegs (benannt nach einem verstorbenen Krefelder Revierförster), dessen grünen Schildern wir nun rechter Hand bis zur Bergschänke zurück folgen. Nach einer Weile geht es leicht bergauf, unter Eichen. Bald erreichen wir die Wallburg, einen überwucherten Ringabschnittswall, hinter dem die Bewohner der Gegend früher Schutz fanden. Die Entstehungszeit der Anlage wird auf circa 300 vor Christus datiert, und sie ist die einzige eisenzeitliche **Wallburg** nördlich der Mittelgebirge.

Am Fuß des Hülser Bergs fand man aber noch viel ältere Spuren menschlichen Lebens. Dieser markante Hügel übte wohl schon immer eine besondere Anziehungskraft aus. So schlugen Jäger hier ihre Lager auf und hinterließen zum Beispiel Reste von Feuerstellen oder Pfeilspitzen. Die ältesten Fundstücke stammen aus der Zeit um 7 500 vor Christus. Einige von ihnen sind im Museum der Burg Linn ausgestellt, darunter ein besonders interessantes Fundstück, das Archäologen ins Schwärmen bringt: eine rund 8 000 Jahre alte Pfeilspitze, die inmitten anderer einheimischer Hinterlassenschaften lag, aber aus dem Köln-Bonner Raum stammt. Dort betrieb man zu jener Zeit bereits Ackerbau, während der Ur-Krefelder noch als Jäger und Sammler unterwegs war. Der Fund beweist: Zwischen den Einwohnern der verschiedenen Regionen bestanden schon damals Kontakte.

Gleich hinter der Wallburg befindet sich auch die „Quelle des Eremiten", die heutzutage jedoch höchstens ein

Idyllisch am Waldrand gelegen: der Hubertushof

bisschen tröpfelt. An diesem Ort soll einst ein medizinkundiger Mann gelebt haben, der die Leute im Dorf mit Wurzeln und Kräutern vom Fieber heilte. Als der Einsiedler starb, wurde er unter einer Eiche begraben – nur der Name der Quelle erinnert noch an ihn. Anschließend spazieren wir über den Bergrücken zurück zum Aussichtsturm und zur Bergschänke. Zum Abschied besuchen wir noch das Denkmal des rührigen Johannes Junkers, das sich vor der Bergschänke rechts am Spielplatz befindet. Er stellte nicht nur den ersten Turm auf, sondern baute hier oben auch die erste Erfrischungshalle, die Vorgängerin der Bergschänke. Und das ist noch nicht alles: Er gründete ebenfalls den Krefelder Wanderbund. Grund genug für seine Wanderfreunde, diesen Gedenkstein 1900, kurz nach Junkers Tod, auf „seinem" Berg aufzustellen.

Wer mag, besichtigt noch die ausgestopften einheimischen Tiere, welche die Kreisjägerschaft Krefeld in einem Raum der Bergschänke ausgestellt hat: Iltis, Kuckuck, Auerhahn, Kormoran und Hermeline im roten Sommer- sowie im weißen Winterfell, das früher bei den Königen so beliebt für die Robe war. Hierfür kann man sich den Schlüssel ganz unkompliziert an der Theke holen. Spätestens dann ist aber Zeit für eine wohlverdiente Rast: In dem urigen Gasthaus gibt es die beste Currywurst weit und breit, die mit hausgemachter Sauce nach eigenem Rezept serviert wird.

Abstecher auf die Halde Norddeutschland

Als Kontrastprogramm bietet sich ein Abstecher auf die nahe gelegene Halde Norddeutschland (102 Meter hoch) an. Sie besteht aus Gestein, das aus den unterirdischen Stollen des Bergwerks Niederberg zu Tage gefördert und auf einem „Haufen" abgelagert wurde. Im Lauf von Jahrzehnten wuchs so ein riesiger Berg heran, der heute mit über 80000 Tonnen die größte Berghalde in der Region Niederrhein darstellt. Hoch führt eine lange Stahltreppe mit 359 (!) Stufen, die Himmelsleiter genannt wird. Doch es ist die Mühe wert: Den Besucher erwartet eine Mondlandschaft mit einem gigantischen Ausblick voller Kontraste: „Kohlenpott-Panorama" mit rauchenden Schloten, Kühlwolken, Zechen und Fördertürmen, aber auch Höfen, Windmühlen, Wiesen, Feldern und Waldstücken. Wer mag, kann auf diesem bizarren Berg den Sonnenuntergang genießen (am besten auf einer Decke mit einem Glas Rotwein). Tipp: Im sogenannten Hallenhaus – gemeint ist die

Über die steile Himmelsleiter: Aufstieg zur Halde Norddeutschland

Tagesaus-
klang am
Hallenhaus

weithin sichtbare Stahlkonstruktion, die 2007 als Kunstwerk errichtet wurde – hängen Klanghölzer an der Decke.
Sie geben ein Konzert der besonderen Art.

Anfahrt:

Zur Hülser Bergschänke: A 57, Abfahrt Krefeld-Gartenstadt, Europaring bis Moerser Straße, dort rechts abbiegen, Moerser und Nieper Straße folgen bis zum Lousbilldyk links. Parkplatz vor der Bergschänke.

ÖPNV: Von Krefeld Hauptbahnhof Bus Nr. 060 Richtung Hülserberg, Haltestelle Molenaarstraße.

Zur Halde Norddeutschland: Der Nieper Straße weiter folgen bis nach Neukirchen-Vluyn, dort rechts auf die Niederrheinallee abbiegen, hinter der Aral-Tankstelle links in die Andreas-Bräm-Straße, geradeaus bis Kreuzung. Hier links Richtung Rheurdt/Rayen, bis Ausschilderung „Halde Norddeutschland" auftaucht.

ÖPNV: Über Duisburg oder Moers Hauptbahnhof, von dort Bus Nr. 929 Richtung Neukirchen-Vluyn, Haltestelle Gewerbegebiet Nord, ca. 30 Min. Fußweg

Adressen und Hinweise:

- Museum Burg Linn, Rheinbabenstraße 85, 47809 Krefeld, Tel. 02151/570036, **www.archaeologie-krefeld.de** (Stichwort: Museum Burg Linn). Geöffnet: Di.–So. 10–18 Uhr (Apr.–Okt.) bzw. 11–17 Uhr (Nov.–März).

- Eine besondere Attraktion ist die Fahrt mit dem „Schluff". Jeden Sonn- und Feiertag zwischen 1. Mai und Mitte Oktober fährt die fauchende Dampflok „Graf Bismarck XV" (Baujahr 1947) vom Gasthof Talschenke (Talring 110, 47802 Krefeld) am Hülser Berg nach St. Tönis (über Krefeld Nordbahnhof). Pro Strecke muss der Schaffner mehrmals aussteigen, um die Schranken per Hand hoch- und runterzukurbeln. Kosten: Hin- und Rückfahrt Erwachsene 8 Euro, Kinder 5 Euro. Seinen Namen verdankt der Schluff übrigens seinem gemächlichen Tempo und dem unüberhörbaren Schnaufen. Beides erinnert an schlurfende Pantoffeln, die auf niederrheinisch eben Schluffen heißen.
  Infotel.: 02151/984482, **www.swk.de** (Stichwort: Freizeit & Familie).

Einkehren:

Hülser Bergschänke, Rennstieg 1, 47802 Krefeld, Tel. 02151/568841, **www.huelser-bergschaenke.de**. Geöffnet: Di.–So. ab 10 Uhr, Ende offen.

3

Ins Land der Gegensätze

Am grünen Rand von Erkrath

Nur neun Kilometer von der Düsseldorfer Innenstadt
entfernt ist es so ländlich, wie es für einen Stadtrand nur
möglich ist. Dort, wo das Bergische Land anfängt hüge-
lig zu werden, erwarten Sie ein Rittergut, liebliche
Bachauen, eine fast schon malerische Industrie-Skyline
und die vielleicht ältesten Bäume des Bergischen
Landes.

Wanderung zur Stindermühle

Länge: circa 10,5 bis 12 km, Gehzeit: rund 3 Stunden
(ohne Pausen), Schwierigkeitsgrad: einfach

Im grünen Niemandsland zwischen Düsseldorf und Erkrath liegt ein altes Rittergut: **Haus Morp**. Ein Name, dessen Wurzeln weit in der Vergangenheit liegen. Einst hieß
das ehrwürdige Anwesen „Morafa", worin das alte Wort
für Moor steckt, die keltische Endung „afa" bedeutet Gewässer. Tatsächlich war der trutzige Sitz, der auf rund
900 Jahre Geschichte zurückblickt, früher eine Wasserburg. Und diese – so wird vermutet – befand sich an einem der wichtigsten Fernhandelswege der Vergangenheit: dem Mauspfad, der wohl ältesten Verbindung zwischen Nordsee und dem Mittelmeer, die sich von Genua
über den Kleinen St. Bernhard, vorbei an Hilden bis nach
Holland erstreckte. Auf dieser Verkehrsader sollen unsere
Vorfahren schon vor über 2 500 Jahren gewandert sein.

Die Wurzeln
von Haus
Morp reichen
bis ins
12. Jahrhun-
dert zurück.

Links: Bis 1928 drehte sich an der Stindermühle das Mühlrad.

Wir starten am Wanderparkplatz von Haus Morp und marschieren durch die alte Birnenallee am Park vorbei. Nach wenigen Minuten erreichen wir den Bahndamm, wo wir uns rechts halten. Bald rauschen alte Bäume am Wegesrand und vor uns liegt eine sanft gewellte Wiese. Ein anmutiges Bild, das nicht zufällig entstanden ist: Wir befinden uns in einem sogenannten englischen Landschaftsgarten, der um 1900 angelegt wurde. Damals waren Parks begehbare Gemälde, in denen man die Natur harmonisch anordnete.

Am Ende dieses „Bildes" lugt das **Forsthaus Morp** zwischen den Bäumen hindurch, erbaut im Jahr 1887 von Friedrich Grillo. Der Essener Großindustrielle hatte einige Jahre zuvor das Rittergut gekauft und damit die adlige Besitzfolge beendet. Grillo war der moderne Unternehmertyp des vorletzten Jahrhunderts: Er gründete Zechen, kooperierte mit Banken, etablierte die Aktiengesellschaft als Unternehmensform im Revier und trieb die Industria-

Der Großindustrielle Friedrich Grillo erbaute das Forsthaus Morp.

lisierung des Ruhrgebiets entscheidend voran. In dieser grünen Oase, fernab von den Schloten und Rauchwolken des Kohlenpotts, konnte der Industriebaron auch mal gute Luft schnappen.

Grüne Oase am Rande von Erkrath: der Morper Park

Wir gehen am Forsthaus vorbei geradeaus zum Ausgang, der von dem ehemaligen Pförtnerhaus bewacht wird. Nun wenden wir uns nach links und müssen leider ein Stück an der stark befahrenen Düsseldorfer Straße entlanglaufen. Nachdem wir den Hubbelrather Weg überquert haben, gehen wir geradeaus auf dem kleinen, leicht ansteigenden Pfad am Seniorenheim Rosenhof vorbei, gelangen wieder auf die Straße und erreichen das Hotel „Golden Tulip". Dort biegen wir links ab und folgen dem Verlauf der Straße „Gink". Sofort wird es wieder ländlich. Wir kommen an einer Wiese vorbei, neben uns murmelt der Hubbelrather Bach, und queren die Bahnlinie durch die Unterführung. Anschließend biegen wir rechts in den Stindertalweg ein. Dort bleiben wir geradeaus, passieren Anglerteiche, die sich größtenteils hinter dichten Hecken verstecken, und unterqueren die Autobahn durch einen weiteren Tunnel. Über unseren Köpfen rauschen die Lkws, aber gleich wird der Weg ganz romantisch.

Bereits nach wenigen Metern taucht auf der linken Seite ein gusseisernes Schild auf: „Seid nett zueinander bei der Maria im Tal". Es stammt vom Erkrather Heimatverein, den Ercroder Jonges. Wir folgen dem sehr schmalen Fußpfad nach links durch das Drehkreuz. Hier beginnt der alte Kirchweg „Maria im Tal". Früher wurde er von den Bauern genutzt, um zur katholischen Kirche in Erkrath zu gelangen, im Lauf der Zeit verfiel er jedoch und wuchs zu. Vor rund 25 Jahren machten sich die rührigen Jonges an die Arbeit: In 450 Stunden entrümpelten sie den Bach und setzten den Weg instand, den sie bis heute pflegen. Hier, an seinem Eingang, steht die **Maria im Tal**, die ebenfalls vom Heimatverein aufgestellt wurde. 2003 brachte man sie per Traktor an den lauschigen Platz, ein Pastor weihte sie ein. Heute kommen viele Besucher hierher, bringen Blumen, stellen Kerzen auf und beten. Eine Bank lädt zum Verweilen ein.

Am Anfang des alten Kirchwegs grüßt uns die „Maria im Tal".

Wir folgen nun dem alten Kirchweg (auch Wanderweg A1), zunächst am Bach entlang. Der idyllische Pfad führt über Wurzeln, Brückchen, Stock und Stein, auf und ab und trifft schließlich auf eine Asphaltstraße. Hier halten wir uns rechts (immer A1 folgend) und kommen an einem Rei-

terhof vorbei. Wir passieren das Reitercasino, bleiben weiter auf dieser Straße und wandern nun schnurgerade über die Höhe.

Hier oben eröffnet sich ein anderes Bild: Zwischen den buckligen, bewaldeten Hügeln erstreckt sich ein urbanes Industriepanorama am Horizont – und man kann weit ins Land der Gegensätze blicken. Bei klarer Sicht ist der Düsseldorfer Fernsehturm zu erkennen, die Fleher Brücke und die Henkeltürme, dahinter steigen die Abgasfahnen der Braunkohlekraftwerke in den Himmel. Das Klima ist nicht mehr so mild wie im Tal, in der kühleren Jahreszeit kann der Wind ganz schön pfeifen. Es geht leicht bergauf, denn wir erreichen nun die „Passhöhe" (141 Meter), die von zwei alten Eichen gesäumt wird.

Gleich nach dem Wanderparkplatz Kißberg (dort gibt eine Karte Auskunft über das Wandergebiet) biegen wir rechts ab und folgen dem Wanderweg A1/A2, der uns durch die Felder leitet. Er mündet in ein hügeliges Wiesental und es wird wieder lieblich. Auf der Seite tauchen Pferdekop-

Auf romantischen Pfaden zur Stindermühle

Ein verlassener Steinbruch am Wegesrand

peln auf und ein Hof. Vor dem Gebäude am Ende der Koppel halten wir uns links. An Streuobstwiesen vorbei folgen wir dem Asphaltweg, der nun bergab ins Tal zu einem großen Teich führt. An seinem Rand liegt die urige **Stindermühle**, ein Ausflugslokal, in dem die Zeit vor 50 Jahren stehen geblieben zu sein scheint. Gelegenheit für eine Rast!

Die Existenz dieses Ortes lässt sich bis ins Jahr 1707 zurückverfolgen. Zu jener Zeit kaufte der Urgroßvater des heutigen Besitzers das Anwesen, seitdem ist es in Familienbesitz. Das Gebäude diente als Mühle, Backstube und bis in die 1920er Jahre sogar als Schule. Ab Beginn des letzten Jahrhunderts wurde es auch als Sommerwirtschaft genutzt und auf dem Mühlenteich fanden früher sogar Gondelfahrten statt.

Nach der Stärkung haben Sie die Wahl: Sie können von hier aus zurücklaufen (in diesem Fall folgen Sie weiter dem Wanderweg A1, der vor der Stindermühle abzweigt, siehe weiter unten) oder Sie marschieren noch rund 15 bis 20 Minuten (Hinweg) ins Stinderbachtal hinein, das herrlich urtümlich ist. Hin- und Rückweg sind hierbei allerdings identisch. Wer sich für Letzteres entscheidet, kehrt zunächst knapp 100 Meter den Hang hoch zurück und biegt dann in der Kurve rechts ein auf den Wanderweg A2.

Schon nach wenigen Metern erreicht man eine Au, wie es früher wohl viele gegeben hat. Der Rand der Weide wird von alten Kopfweiden gesäumt, deren biegsame Zweige den Menschen anno dazumal zum Flechten von Körben oder Sesseln dienten. Durch das häufige Beschneiden erhielten die Bäume ihre kugelige Form. Begleitet vom Muhen der Neandertal-Galloways geht es über mehrere Brückchen und Treppchen am Bach entlang, der klar über sandigem Grund fließt. Wir passieren noch ein Gehege mit Damwild und einen ehemaligen Fischweiher. Spätestens dort, wo die Brücke nach links abzweigt (und sich A2 und A3 trennen), kehren wir wieder um.

Ländliche Abgeschiedenheit im Rotthäuser Bachtal

Im Hofladen von Gut Papendelle gibt's frische Leckereien vom Lande.

Ab der Stindermühle folgen wir dem Weg A1/A2, der genau vor der Mühle abzweigt. Wieder fällt der Blick auf eine weite Wiese. Wir durchqueren einen sumpfigen Erlenbruchwald, folgen weiter A1 und gehen auf bekanntem Weg zurück. Beim Eingang in den Park Morp am Pförtnerhaus wenden wir uns jetzt aber nach links und wandern direkt am Teich vorbei, an dessen Ufer öfter mal ein Graureiher reglos steht. Das Pförtnerhaus im Rücken, eröffnet sich noch einmal eine gelungene Sichtachse auf Wiese und Weiher, die einen Eindruck von Weite und Ruhe vermittelt.

Wer nun Lust auf Kaffee und Kuchen hat, kann als Abstecher noch nach **Gut Papendelle** spazieren (Achtung: das Café ist nur am Wochenende geöffnet). Hierzu biegen wir nicht wieder in die Birnenallee ein, sondern bleiben geradeaus. Anschließend unterqueren wir die Bahn, folgen dem Schild und marschieren für die nächsten 1,5 Kilometer durch das liebliche Rotthäuser Bachtal. Der stattliche Hof, der mindestens 550 Jahre auf dem Buckel hat, liegt malerisch an zwei Fischteichen – und ist noch ein richtiger Bauernhof, mit Kühen, Mist und Traktoren. Samstags und sonntags kann man sich im Tante-Emma-Hofladen mit Leckereien eindecken, wie Kefir, Ziegenkäse, Marmelade oder Vollkornbrot, das mit Rübenkraut gebacken wurde. Und bei schönem Wetter empfiehlt es sich, vor dem Laden eine Tasse Kaffee und ein Stück Streuselkuchen zu schmausen – und dabei dem Treiben auf dem Hof zuzuschauen.

Ausflüglern, die immer noch nicht ins Großstadtleben zurückkehren möchten, bietet die Umgebung zwei weitere ganz besondere Orte, die bestimmt nicht jeder kennt.

Abstecher Gut Burwinkel und Aaper Wald

Kleinode verbergen sich oft an Stellen, wo man sie kaum vermuten würde. So auch **Gut Burwinkel**. Dieses sehr alte Gehöft – 1249 wurde es zum ersten Mal urkundlich erwähnt – liegt direkt neben dem Kalksteinwerk Neandertal, versteckt in einer Senke. Es befindet sich zwar in Privatbesitz, aber man darf es besichtigen, „solange man

Geheimnisvoll und mystisch: der Eibenhain von Gut Burwinkel

nichts liegen lässt", so der Besitzer. Im Park wachsen die vielleicht ältesten Bäume des Bergischen Landes: sechs Eiben, die rund 1100 Jahre alt sein sollen. Man nennt sie auch Hochzeitseiben, denn es war Brauch, Eiben zur Heirat zu pflanzen. Tatsächlich stehen sie paarweise nebeneinander, wie Mann und Frau. Und wer sich unter ihre ausladenden Zweige stellt, sieht, wie sie im Lauf der Zeit ineinander verwachsen sind.

Außerdem bilden die Standorte der drei Eibenpaare die Form eines gleichschenkligen Dreiecks, das nach den Himmelsrichtungen ausgerichtet ist. Die hintere Flanke verläuft in Ost-West-Richtung, die Mittellinie in Nord-Süd-Richtung. Wer hat sich diese Geometrie vor so langer Zeit wohl ausgedacht und zu welchem Zweck? Man weiß es nicht. Bekannt ist aber, dass unter den Baumriesen geheime Gottesdienste gefeiert wurden – und zwar von den Hugenotten. Diese reformierten Christen hatten sich nach der Bartholomäusnacht (1572) in Frankreich aus dem Staub gemacht. Da sie gute Handwerker waren, wurden sie im Bergischen zunächst mit offenen Armen

Frühjahrs-
blüte auf Gut
Burwinkel

empfangen. Im Dreißigjährigen Krieg verfolgte man sie aber auch dort. Eine Quelle aus dem Jahr 1628 belegt, dass hier oben unter freiem Himmel ein hugenottisches Christfest mit heiligem Abendmahl stattfand. Und weil man die Hugenotten „heimliche Gemeinden" nannte, heißen die Baumriesen auch „heimliche Eiben".

Beim Rückweg durch den Hof kommt man an einer weiteren kleinen Sehenswürdigkeit vorbei: Auf dem Türsturz neben der Toreinfahrt befindet sich eine verwitterte Inschrift, die an die Hochzeit von Herman Burwinckel und Maria Mölemanns im Jahr 1606 erinnert. Neben den Namen: das Wappen der Familie und ein Herz – wirklich ein romantischer Ort.

Alle, die vielleicht sowieso in Richtung Düsseldorf fahren, können den Tag im Aaper Wald ausklingen lassen: bei den **Frauensteinen**, die auch „Siebenstein", „Witte Wiewerkes" (weiße Weiberchen) oder „Weise Frauen" genannt werden. Es handelt sich dabei um mehrere recht große Steinbrocken, die auf einem Hügel beisammenliegen. Um dorthin zu gelangen, gehen wir vom Parkplatz aus quer über den Spielplatz und biegen links ab zum Fußballtor und zum Brunnen. Hinter dem Brunnen gehen drei Wege ab. Wir nehmen den mittleren, der geradeaus als leicht ansteigender Wurzelpfad in den Wald führt. An der nächsten Möglichkeit biegen wir rechts ab. Nach ein paar Metern auf dem Wilhelm-Suter-Pfad (am Schild „Trimmpfad") führen Stufen zu den Frauensteinen hoch, die oben auf dem Hügel liegen.

Welche Bewandtnis es mit ihnen hat, weiß niemand so genau, aber Mythen gibt es genug. Eine Legende erzählt, dass in grauer Vorzeit der Rhein das Land überschwemmt habe, worauf sich die Ur-Düsseldorfer in der Höhe des Waldes in Sicherheit gebracht hätten. Um die Götter zu besänftigen, sollen sie hier oben einen steinernen Opfer-

Die sagen-umwobenen Frauensteine im Aaper Wald

altar errichtet haben. Laut einer anderen Geschichte stand auf der Anhöhe eine heidnische Orakelstätte, in der Priesterinnen weissagten. Das „Orakel von Düsseldorf" sozusagen. Und wieder einer anderen Mär zufolge waren es Frauen, die in Stein verwandelt wurden … Was auch immer das Geheimnis dieses Ortes ist, heute sind die Frauensteine auf jeden Fall ein lauschiges Plätzchen für eine letzte wohlverdiente Rast an diesem Tag.

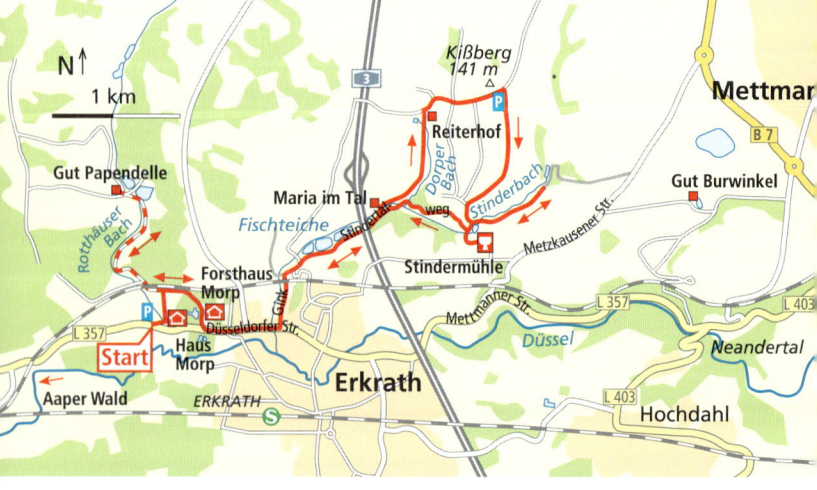

Anfahrt:

Zum Rittergut Haus Morp: Über die Düsseldorfer Straße (L 357) zwischen Düsseldorf-Gerresheim und Erkrath. Auf dem Wanderparkplatz bei Haus Morp parken.

ÖPNV: Von Düsseldorf Hbf. mit S-Bahn-Linie 8 nach Erkrath Bf., von dort wenige Minuten Fußweg (durch die Morper Allee bis Düsseldorfer Straße, dort links).

Zum Gut Burwinkel: Vom Haus Morp links auf die Düsseldorfer Straße, immer geradeaus. Nach Autobahnunterquerung (die Straße heißt jetzt Mettmanner Str.) 600 Meter bis Bushaltestelle „Stindermühle". Hier links abbiegen auf die Metzkausener Straße. Nach 1400 Metern rechts rauf (Privatweg). Vor der Hofeinfahrt parken.

Zum Aaper Wald: Rechts auf die L 357 (Mettmanner/Düsseldorfer Straße), immer dem Straßenverlauf folgen bis Simrockstraße, dort rechts abbiegen, nach ca. 1,5 Kilometern wieder rechts in die Sankt-Franziskus-Straße, dieser bis zum Dachsbergweg folgen und an der Haltestelle Oberrath parken.

Auskunft:

Stadt Erkrath, Bürgeramt, Bahnstraße 16, 40699 Erkrath, Tel. 0211/2407-0, **www.erkrath.de**

Adressen und Hinweise:

• Haus Morp, Düsseldorfer Straße 16, 40699 Erkrath

• Gut Burwinkel, Laubach 26, 40222 Mettmann, Tel. 02104/206836, **www.gut-burwinkel.de**

• Die Ercroder Jonges veranstalten eine Herbst- und eine Frühjahrwanderung. Infos bei Alfred Niek, Tel. 0211/202403, **www.ercroder-jonges.de**

Einkehren:

• Stindermühle, Stindertalweg 50, 40699 Erkrath, Tel. 0221/243198. Geöffnet: Sa./So. und feiertags 11–18 Uhr.

• Gut Papendelle, Papendelle 19, 40699 Erkrath, Tel. 0211/297656, **www.gut-papendelle.de**. Geöffnet: Sa. 10–17, So. (bei schönem Wetter) 11–17 Uhr.

Karten:

• „Erkrath erleben", Wander- und Freizeitkarte, 1:15000

• Amtlicher Stadtplan Erkrath, 1:15000
Beide Karten sind erhältlich im Erkrather Bürgeramt.

Vom Geisterbusch auf den Busenberg

Durch die Wahner Heide

Ein Ausflug in die Wahner Heide ist genau das Richtige für Naturschwärmer aus der Stadt: Auf dem stillgelegten Truppenübungsplatz im Südosten Kölns wandern Sie über ehemalige Panzerpisten durch eine blühende Heideland- schaft – mit Mooren, Tümpeln, Dünen und Wäldern. Und dabei wird man Zeuge, wie sich die Natur das Re- fugium zurückholt, denn mittlerweile baden Frösche in der alten Panzerwaschanlage. Und weil das Naturschutz- gebiet unmittelbar am Flughafen liegt, ergeben sich hier und da bizarre Panoramen. So kann man direkt neben einem Heidemoor über eine Einflugschneise spazieren, inmitten der Flughafen-Scheinwerfer.

Wanderung Wahner Heide

Länge: knapp 7 km, Gehzeit: 2 bis 2,5 Stunden,
Schwierigkeitsgrad: einfach

Mitten
im Grün:
Achtung
Sperrgebiet

Auf der „Panzerstraße", wie die Alte Kölner Straße immer
noch genannt wird, rollen wir in die Wahner Heide ein.
Links und rechts der neu geteerten Straße taucht eine an-
mutige Landschaft auf. Doch inmitten des Grüns erschei-
nen immer wieder Schilder mit Aufschriften wie „Lebens-
gefahr" oder „Nordschneise". Schließlich befinden wir uns
in einem ehemaligen militärischen Sperrgebiet.
Schon 1817 gründeten die Preußen auf dem Areal den
„Schießplatz Wahn". 1939 errichtete die deutsche Luft-
waffe einen Fliegerhorst und nach dem Krieg wurde das
Gelände Truppenübungsplatz der belgischen Streitkräfte.
40 Jahre lang durften Besucher nur am Wochenende hier
spazieren gehen. Zeitgleich wuchs auch der Flughafen
in die Heide hinein. Nach Ende des Zweiten Weltkriegs
wurde der alte Feldflughafen zunächst von der britischen
Royal Air Force ausgebaut. In den 1950er Jahren gab man
ihn für die zivile Nutzung frei und weil Bonn damals
Hauptstadt war, wurde er zum „Regierungsflughafen". Der

Links: Wie in alten Zeiten – Ziegenherde auf dem Wolfsweg

Ziegen halten heute wie damals die Heide niedrig.

Airport Köln/Bonn, wie wir ihn heute kennen, entstand. 2004 zogen die Belgier schließlich ab – und seitdem ist die Wahner Heide wieder jeden Tag für Besucher zugänglich. Der Flughafen aber blieb.

Wir fahren an zwei Parkplätzen vorbei und parken schließlich an der linken Straßenseite auf dem dritten. Direkt vom Parkplatz aus führt der sandige **Rösrather Weg** in die Natur (auf der großen Eiche, die auf dem Parkplatz steht, sehen wir ein gelbes Eichenblatt auf schwarzem Grund als Markierung). Vor uns erstrecken sich offene, große Weiden, auf denen vereinzelt einige Eichen wachsen. Hinter

dem Zaun grasen gutmütige braune Glanrinder, eine alte
rheinische Nutztierrasse. Ab und zu stehen auch Esel unter den Bäumen und links und rechts des Weges tollen
Ziegen über die Wiesen. So ähnlich hat es hier vor Jahrhunderten schon ausgesehen. Allerdings entstand das so
natürlich wirkende Landschaftsbild durch Menschenhand.
Im Mittelalter holzte man zunächst den Wald ab, um Bau-
und Brennholz zu gewinnen. Der sandige Boden, den die
letzte Eiszeit angeweht hatte, eignet sich jedoch nicht für
den Ackerbau. Daher ließen die Bauern der Umgebung
hier ihre Kühe, Ziegen, Schafe und Schweine weiden. Die
Nutztiere fraßen die Blätter der Bäume und Büsche – und
hielten die Heide dadurch kurz. Später sorgte das Militär
dafür, dass die leicht melancholisch stimmende Landschaft
erhalten blieb und weder zuwuchs noch verbaut wurde.
Heute sind es wieder die Tiere, die zum Erhalt der wunderschönen Heide beitragen.

Bei der ersten Kreuzung biegen wir rechts ab auf den
kleinen Weg. Er führt an Ginsterbüschen vorbei, die im
April/Mai gelb auflodern. Nach wenigen Minuten gelangen wir zu einer weiteren Kreuzung und stehen nun vor
einem parkähnlichen Eichenwald, einem sogenannten
Hudewald. Auf diese Waldweiden trieben die Bauern frü-

Wurde früher
als Weide
genutzt: der
Hudewald.

her vor allem ihre Schweine, die sich an den Eicheln satt fraßen. Auch hier sorgten die Soldaten dafür, dass es heute noch so aussieht wie anno dazumal. Sie nutzten den Ort als Zeltplatz, so dass das Unterholz nicht zuwuchs.

An dieser Kreuzung gehen wir geradeaus auf den Novemberweg, der seinen Namen nicht der Heideherbststimmung verdankt, wie man vielleicht denken könnte, sondern von den Belgiern so getauft wurde. Sie legten dabei das Nato-Alphabet zugrunde, das die Buchstaben in Wörter umwandelt, von A wie Alpha bis Z wie Zulu. November steht also für N. Auf diesem breiten, sandigen Querweg spazieren wir nun mitten durch die offene Heidelandschaft des **Geisterbuschs**. Dieser Name geht wiederum auf eine Spukgeschichte zurück: Am Wolfsweg soll man einst den bösen Amtmann von Porz mit einer Kugel in der Brust gefunden haben – ermordet aus Rache, denn er hatte die Bauern bis aufs Blut ausgepresst. Ruhe fand er jedoch nicht, laut der Mär verfolgt ihn bis heute der Fluch der armen Leute. In dunklen Nächten soll er auf einem Pferdewagen, getrieben von Gespenstern, durch den Geister-

Im Sommer zieht sich die Heide ihr violettes Kleid an.

busch jagen. Und an einem trüben, einsamen November-
tag, wenn der Nebel über den Boden schleicht und die
verwachsenen Büsche wie Kobolde aussehen, kann es dem
Wanderer wirklich etwas schaurig zumute werden. Aber
nicht im Sommer – und schon gar nicht ab Ende Juli. Denn
dann überzieht die Besenheide den Boden mit einem leuchtend violetten Anstrich. Sie bekam ihren Namen übrigens
davon, dass man früher aus ihren Zweigen Besen anfer-
tigte.

Am Ende der Heidelandschaft biegen wir bei der Kreuzung links auf den Brandweg ab und marschieren in
Richtung **Busenberg**. Wir hören die Autobahn rauschen
und ab und zu ein Flugzeug in der Nähe donnern. Nun
laufen wir zwischen Wald und Heide mit leichter Steigung
geradeaus. Achtung: Wenn linker Hand der Parkplatz Busenberg auftaucht, verlassen wir genau gegenüber dem
Parkplatz unseren Weg und folgen dem schmalen Pfad,
der hier rechts in die Heidelandschaft abzweigt (Markierung: rote Holzpfosten). Nach wenigen Metern stehen wir
auf dem Mini-Hügel und können die Aussicht auf die
Kölner Bucht genießen. Man hat das Gefühl, als läge die
Stadtkulisse in weiter Ferne.

Fast zum
Greifen nah:
die Kölner
Bucht

Mal friedlich, mal gespenstisch: die Stimmung wechselt mit den Jahreszeiten.

Anschließend tauchen wir in den Wald ein. Nun laufen wir eine ganze Weile unterm Blätterdach geradeaus, bis wir an der ersten T-Kreuzung diesen Weg auch wieder verlassen und nach rechts in den Wolfsheideweg einbiegen (Markierung: gelbe Blüte). Nach wenigen Metern treffen wir erneut auf den Novemberweg. Wir folgen ihm rechter Hand und gelangen schließlich wieder in die Heide und an die uns bekannte Kreuzung Novemberweg/Brandweg. Hier folgen wir dem Brandweg nun aber nach links.

Bald überqueren wir die Alte Kölner Straße und marschieren auf der anderen Straßenseite bis zum Zaun. Hier halten wir uns rechts (Markierung: Vogel) und laufen nun genau neben dem Flughafengelände am Zaun entlang. Nach knapp 200 Metern biegen wir rechts ab auf den schmalen Waldpfad, der von roten Holzpfosten markiert wird. Erneut überqueren wir die Alte Kölner Straße und tauchen nun geradeaus in den Wolfsweg ein. Nun geht es zurück durch den Geisterbusch bis zur bekannten Kreuzung Wolfsweg/Novemberweg, dort links zum Rösrather Weg und zurück zum Parkplatz.

Abstecher Panzerwaschanlage und Herfeldmoor

Länge/Gehzeit: Zur Panzerwaschstraße 500 Meter/
wenige Minuten, zum Herfeldmoor circa 4 Kilometer/
80 Minuten (beides Hin- und Rückweg)

Dem Verfall
überlassen:
die ehemalige
belgische
Kaserne

Wir steigen ins Auto und folgen weiter dem Verlauf der
Alten Kölner Straße nach links. Dabei passieren wir den
Radarturm, fahren direkt am Flughafengelände vorbei und
parken auf dem Parkplatz gegenüber dem „Camp Major

Die alte Panzerwaschanlage dient heute den Fröschen als Badewanne.

Legrand" (Camp Altenrath). Gleich am Parkplatz zweigt ein Trampelpfad ab, dem wir folgen. Nach ein paar Metern treffen wir auf einen Weg, den wir rechter Hand einschlagen. Wieder befinden wir uns in einer sehr schönen Wiesenlandschaft, in der vereinzelte Bäume aufragen. Hier gibt es auch einige Binnendünen, die sich aus Flugsand bilden. An einer großen Eiche findet sich nun die gelbe Markierung „Krug". Dieses Symbol erinnert an die Altenrather Kannenbäcker, die schon im 17. Jahrhundert hochwertige Töpferwaren anfertigten. Bis 1982 wurde in der nahegelegenen Altenrather Tongrube noch Ton abgebaut. Wir folgen dem Krug, bis rechts von uns die alte **Panzerwaschanlage** auftaucht. Im Wasserbassin leben jetzt Frösche, Libellen, verschiedene Molcharten und manchmal lässt sich sogar eine Schlingnatter sehen. Außerdem gedeihen hier fleischfressende Pflanzen wie der Sonnentau und der südliche Wasserschlauch. Wir gehen noch ein paar Meter auf der alten Panzerstraße, dann führt rechts ein Trampelpfad (Markierung: rote Holzpfosten) zur Alten Kölner Straße. Diese überqueren wir, marschieren einige Meter nach rechts und biegen dann auf das Gelände des Camps ein. Wir streifen die ehemalige Kaserne, die 1951 von den Belgiern bezogen wurde, und folgen den roten Holzpfosten bis zu einem größeren Platz. Dort biegen wir nach links ab und finden uns auf dem Novemberweg wieder.

Wir folgen weiter den roten Holzpfosten und haben bald einen Panoramablick auf den Flughafen. Wenig später marschieren wir an großen Scheinwerfern vorbei, die im Fachjargon „Landebahnbefeuerung" genannt werden. An dieser Stelle befinden wir uns auf der Einflugschneise der sogenannten **Querwindbahn**. Direkt über unseren Köpfen düst ein großer Jumbo, so nah, dass man fast die Passagiere hinter den Fenstern sehen kann. Garantieren können wir dieses Erlebnis jedoch nicht, denn diese Landebahn ist nur bei bestimmten Wetterlagen, je nachdem, aus welcher Richtung der Wind weht, in Betrieb. Aber: Sie schrieb Flughafengeschichte. 1954 wurde sie als eine von zwei Landepisten von der Royal Air Force angelegt und war

Direkt neben den Scheinwerfern der Einflugschneise wächst das Wollgras.

damals mit 2 460 Metern die längste der Bundesrepublik. In den 1950er Jahren erhielt der Flughafen übrigens den Beinamen „Flower Airport", da damals noch üppige Blumenbeete die Wege zum Rollfeld säumten – aber vielleicht tat ja auch die schöne Aussicht beim Landeanflug das ihrige dazu. Tatsächlich befindet sich genau neben der Schneise das **Herfeldmoor**. Und darin wächst die Moorlilie, die im Juli leuchtend gelb blüht. Bei den Betonplatten biegen wir rechts ab, spazieren dann neben den Lichtern und an einem Bach entlang bis zum Elektrohäuschen. Dort drehen wir um und nehmen den gleichen Weg zurück.

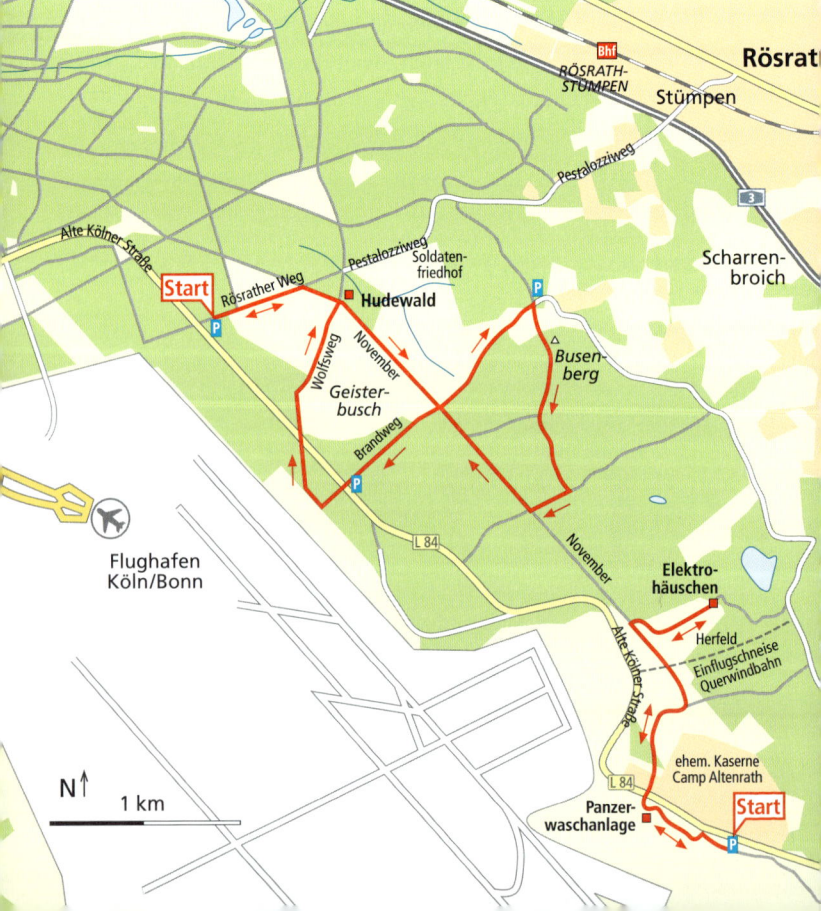

Anfahrt:

A 59, Abfahrt Flughafen Köln/Bonn, erste Abfahrt Rösrath, Grengel, dann an T-Kreuzung links Richtung Rösrath, erste Straße rechts Richtung Troisdorf, Altenrath abbiegen (= Alte Kölner Straße). Geradeaus, zwei Parkplätze auf der rechten Straßenseite passieren, am dritten Parkplatz (Parkplatz Rösrather Weg) linker Hand parken. Achtung: Dieser Parkplatz ist nicht als solcher ausgeschildert, er befindet sich unter einer großen Eiche.

ÖPNV: Mit der Regionalbahn 25 bis Bahnhof Rösrath-Stümpen, zu Fuß über den Pestalozziweg zum Busenberg und dort in die Tour einsteigen.

Auskunft:

- Naturschutzbund Deutschland (NABU), Stadtverband Köln, Georg-Kaiser-Str. 5, 50829 Köln, Tel. 0221/790289, **www.nabu-koeln.de**
- Bündnis Wahner Heide, Alte Feuerwache, Melchiorstraße 3, 50670 Köln, Tel. 0221/7392871, **www.wahner-heide.de** (betreibt auch das Infozentrum Wahner Heide, Flughafenstr. 33, 53842 Troisdorf-Altenrath, geöffnet: Apr.–Okt. jeden So. und Feiertag, 10–17 Uhr)

Adressen und Hinweise:

- Es dürfen nur die Wege betreten werden, die durch die Holzpfähle mit rotem Kopf gekennzeichnet sind.
- Botaniker werden an der Altenrather Tongrube, die fast am Flughafengelände liegt, ihre helle Freude haben. Denn dort wächst eine Vielzahl von verschiedenen Pflanzen, unter anderem der Englische Ginster.
- Lohnenswert ist auch ein Besuch beim Ziegenhof Stumpf, ebenfalls in der Wahner Heide gelegen: Thomas und Marlinde Stumpf, Großbliersbach 55, 51503 Rösrath, Tel. 0172/8711598, **www.ziegenhof-stumpf.de**
- Sowohl das Bündnis Wahner Heide als auch der NABU Köln bieten zahlreiche geführte Wanderungen an, Letzterer zum Beispiel die „Winterwanderung durch den Geisterbusch", eine „Naturkundliche Führung rund um das Pionierübungsbecken III" oder die „Führung zu den Orchideen rund um die Tongrube Altenrath". Adressen siehe oben.
- Zum Weiterlesen: Die Wahner Heide. Artenvielfalt, Natur und Erholung, Bachem Verlag 2009 (mit herausnehmbarer Wanderkarte des NABU).

Einkehren:

Ganz in der Nähe, in Troisdorf, befindet sich das Bilderbuchmuseum Burg Wissem, in dem es auch ein hübsches Café gibt: Remise an der Burg Wissem, Burgallee 2, 53840 Troisdorf, Tel. 02241/805837. Geöffnet: Di.–So. 10–19 Uhr.

Karten:

Unter **www.nabu-wahnerheide-koenigsforst.de** wie auch unter **www.wahner-heide.de** kann man sich Karten mit dem aktuellen Wegenetz herunterladen.

Orte
am
Wasser

Flüsse, Seen und Auen

5

Eine kleine Landpartie

Nach Wachtendonk an der Niers

Ein Ausflug nach Wachtendonk ist die perfekte Tour für einen beschaulichen Nachmittag. Dort halten nur wenige Busse und bloß ein paar vereinzelte Besucher bummeln durch die beschauliche Altstadt. Und das, obwohl es in den Gassen kaum ein Gebäude gibt, das nicht schon mehrere Jahrhunderte auf dem Buckel hat und von vielen Generationen bewohnt wurde. Tauchen Sie mit uns ein in die Geschichte des Städtchens und lassen Sie sich auf einen lauschigen Spaziergang am Ufer der Niers entführen.

Spaziergang Wachtendonk und Niers

Länge: 3 km (verlängerbar) + Ortsrundgang,

Gehzeit: etwa 2 Stunden, Schwierigkeitsgrad: einfach

Eingekuschelt zwischen Niers und Nette liegt Wachtendonk, in dem die Zeit stehen geblieben zu sein scheint. Eine Brücke führt uns über die Niers in die Altstadt. Hier läuft man über jahrhundertealtes Kopfsteinpflaster, an den Straßenrändern reiht sich ein altehrwürdiges Backsteinhäuschen ans andere. Da der Ort vom Zweiten Weltkrieg weitestgehend verschont blieb, hat man heute noch den Eindruck, durch ein Landstädtchen des 18. Jahrhunderts zu flanieren – kaum ein Haus in der Altstadt, das nicht unter Denkmalschutz steht. Die Häuserzeilen sind eng geschlossen, alle Fassaden nahezu gleich hoch.

Nach wenigen Metern kommen wir am **Schwarzen Adler** (Feldstr. 16) vorbei, einem betagten ehemaligen Gaststübchen mit einem schrägen Ziegelsteingiebel, in dem anno dazumal noch selbst gebraut wurde. Und zwar bereits 1734 mit Hopfen, denn in der Stadtgeschichte steht geschrieben, dass sich in diesem Jahr Wachtendonker Jungs mit Hopfenstangen prügelten. Genau neben uns floss früher die Niers vorbei. An dieser Stelle endete die Festung Wachtendonk. Die Markierung auf dem Boden zeigt, wo einst die Stadtmauer stand. Vor Jahren entdeckte man bei Umbauarbeiten hinter dem Schwarzen Adler ihre Fundamente: dicke Säulen, die in der Tiefe im Morast stecken, verbunden mit steinernen Bögen, auf denen die Mauer ruhte. Eine solch massive Bauweise war nötig, da der Ort sich früher im Sumpfland befand.

Bald darauf taucht auf der anderen Straßenseite das „Hotel Flachshaus" auf, welches früher einmal aus zwei Häusern bestand. In einem war ein Kolonialwarenladen, in

Links: Die Niers – beliebt bei Paddlern und Müßiggängern

Mittelpunkt des histori- schen Orts- kerns: das rosafarbene Haus Püllen von 1634

dem anderen wohnte ein Landarzt. Unsere nächste Sta- tion ist das rosafarbene **Haus Püllen** (Feldstr. 35), dessen schmucke Doppelglockengiebel sich wie Locken auf ei- ner Perücke türmen. Die barocke Fassade wurde 1634 vorgesetzt, das Haus selbst ist wesentlich älter. Und auch dieses Gebäude könnte einiges erzählen, denn es hat schon die unterschiedlichsten Bewohner gesehen, unter anderem einige reiche Leute. Erst lebte darin ein Burgvogt und Weinhändler, dann einer, der viel zu verschenken hatte: Caspar Louwarth. Als 1708 ein großes Feuer ausbrach, ge- lobte dieser, der Kirche viel Geld zu spenden, wenn das Haus verschont würde. 145 der insgesamt 195 Häuser des Ortes fielen den Flammen zum Opfer, seines jedoch nicht – und so ließ er eine Kapelle erbauen. Ihm folgte ein fran- zösischer Brigadier, der mit dem napoleonischen Heer ge-

kommen war und sich in eine schöne Tochter des Hauses
verliebt hatte. Als die Franzosen abzogen, blieb er und
machte aus dem Gebäude eine Tonpfeifenfabrik. Um 1850
zog die Familie Püllen ein und eröffnete eine Schankwirt-
schaft. Und noch vor wenigen Jahren diente das Gemäuer
sogar als Diskothek. Heute beherbergt es sowohl das Naturparkzentrum Wachtendonk, ein Informations- und Bil-
dungszentrum des Naturparks Schwalm-Nette, als auch das
Büro für Touristik und Kultur der Gemeinde Wachtendonk.
Ein Besuch lohnt sich: Im Innenraum kann man einen Blick
auf einen Originalbalken des alten Fachwerks werfen und
sich mit kostenlosem Informationsmaterial rund um die
Gemeinde eindecken (unter anderem auch zum historischen
Ortskern und zum Naturlehrpfad an der Niers). An die Tourist-Information schließt sich nahtlos eine Dauerausstellung
des Naturparkzentrums an, die sich unter anderem mit der
Boden- und Erdgeschichte sowie der Entwicklung der hiesigen Kulturlandschaft beschäftigt. Der Hinterausgang führt
zu einem **Bauerngarten**, dessen Tor Ihnen gerne von einem Mitarbeiter geöffnet wird.

Inmitten der vielen verschiedenen Kräuter kann man hier
ins Reich der Sinne eintauchen. Streichen Sie einmal über
den Zitronenthymian – und Sie haben das Gefühl, sich

Im Bauern-
garten hinter
Haus Püllen
gedeihen
viele Kräuter,
Nutz- und
Zierpflanzen.

die Hände gewaschen zu haben. Wer seine Nase in die italienische Minze steckt, ist berauscht von der würzigen Frische. Auch ein Streifzug durch die wilde Wiese lohnt sich. Dort sprießen die Gräser manchmal mannshoch, dazwischen stehen seltene rheinische Obstbäume, neben uralten Apfelsorten auch ein Mispelbaum. Dessen sattmachende Früchte, die an Feigen erinnern, kennt heute fast niemand mehr. Wer mag, setzt sich auf die Bank neben dem violetten Hibiskus und genießt die Ruhe.

Am Ende des Gartens fließt die **Niers**, die übrigens ein Nebenfluss der Maas ist. Zu ihr machen wir uns nun auf. Nachdem wir das Gartentor wieder hinter uns geschlossen haben, wenden wir uns zweimal nach links und finden uns auf einem Brückchen wieder. Wir überqueren es und laufen dann rechter Hand am Ufer weiter. Nach wenigen Minuten erreichen wir die nächste Brücke. Sie wurde anno 1901 als Damm für die Gelder'sche Kreisbahn gebaut, eine Schmalspurbahn, die Kempen und Kevelaer verband. Wir überqueren auf ihr erneut die Niers und biegen gleich anschließend links ab zur Ruine. Hier, inmitten der sumpfigen Niederung zwischen den beiden

Über dieses Brückchen dampfte einst die Bimmelbahn von Kempen nach Kevelaer.

Flüssen Niers und Nette, gründete der Vogt von Geisse-
ren einst das Herz von Wachtendonk: **die alte Burg**, von
der heute wenig mehr als die Grundmauern übrig ist. Sie
wurde auf einer „Donk" errichtet, einer hochwasserfreien
Anhöhe, und „Vogtendonk" genannt, was Wachtendonk
seinen Namen gab. Auch viele Höfe der Umgebung en-
den auf „donk", ihre Erbauer wollten sich wohl ebenfalls
keine nassen Füße holen. Im Schutz der Burg ließen sich
im Lauf der Zeit Händler nieder und nach und nach entstand der Ort. Allerdings mussten die Wachtendonker früher einiges erleiden: Die Stadt war Zankapfel vieler kriegerischer Auseinandersetzungen zwischen niederländischen Calvinisten und spanischen Katholiken. Unter anderem wurde die Festung 1588 drei Monate lang vom Graf
von Mansfeld belagert, der mit 6 000 Mann anrückte.

Weiter geht es in südlicher Richtung auf dieser Uferseite
immer am Fluss entlang, wobei er nun links von uns fließt.
Und spätestens jetzt erwartet den Ausflügler Beschaulichkeit pur: Neben uns strömt das braune Wasser der
Niers in Schleifen. Es ist der Fluss, der hier die Stimmung
prägt. Er lässt eine eigenartige, fast heimelige Atmosphäre
aufkommen. Unter der Oberfläche tanzt das Flussgras. Der

Nur noch
spärliche
Reste sind
von der
stolzen Burg
Wachtendonk
übrig geblie-
ben.

Blick schweift über Kopfweiden und Pappeln, die sich zwischen den Wiesen in Reih und Glied aufrichten wie Zinnsoldaten, am Horizont drehen sich Windräder, nasses, saftiges Weideland, so weit das Auge reicht. Dann taucht ein kleiner Leuchtturm auf: ein Bootsverleih. In den Pfützen baden Vögel, zufriedene Kühe schauen herüber, Libellen schwirren über das Dickicht und Schwäne ziehen ihre Bahnen. Wir passieren eine weitere kleine Brücke, bleiben aber geradeaus, so lange es geht.

Allzu bald müssen wir den Fluss leider wieder verlassen. Nun bringt uns der Weg automatisch weg von der Niers und führt bald als schmaler Pfad zwischen Feldern hindurch. Wir kommen an einem Gehöft mit Taubenschlag und Pferdekoppeln vorbei, dann spazieren wir durch ein friedliches Wäldchen. An der T-Kreuzung biegen wir links ab in die Eichenallee und sehen nach wenigen Minuten die Landstraße. An dieser Stelle dürfen Sie sich entscheiden: Sie können von hier aus noch ein ehemaliges Rittergut besuchen (Hin- und Rückweg etwa 20 Minuten) oder auf direktem Weg nach Wachtendonk zurückspazieren (siehe weiter unten).

Einsame Gehöfte, von Pappeln umrauscht, am kleinen Flüsschen Niers

Um zum Rittergut zu gelangen, biegen wir in Richtung des alten, überrankten Hauses links ab und gehen über

Auf Haus Langenfeld wohnte der Großvater des Jesuiten Friedrich Spee.

das kleine Brückchen (Ausschilderung Laerheider Weg 27–29 folgen). Bald tauchen wir in ein Wäldchen ein und kommen an einer kleinen Kapelle vorbei. Hier folgen wir dem Waldweg, wobei wir uns bei der Schutzhütte rechts halten. Nach wenigen Minuten sind wir am Ziel unseres kleinen Abstechers angelangt: Vor uns liegt **Haus Langenfeld**, das noch viel idyllischer wäre, würde dahinter nicht die Autobahn rauschen. Trotzdem, ein schöner Ort mit einer spannenden Geschichte: 1378 wurde das Rittergut erstmals erwähnt. Es handelt sich um den alten Adelssitz der Grafen Spee von Langenfeld. Ein Mitglied der Familie, der Jesuit Friedrich Spee, prangerte 1631 als einer der ersten in seiner Schrift Cautio Criminalis die Unmenschlichkeit der Hexenverfolgung an. Da das Herrenhaus sich

Auch der
Pulverturm
blickt auf
eine wechsel-
volle Ge-
schichte
zurück.

in Privatbesitz befindet, ist eine Besichtigung leider nicht möglich. Wir nehmen den gleichen Weg zurück, bis wir wieder an dem überrankten Haus und dem Brückchen angelangt sind – hier wenden wir uns nach links und haben nach wenigen Metern die Landstraße erreicht.

Zurück nach Wachtendonk geht es auf der wenig befahrenen Straße rechter Hand in Richtung Kirche. Direkt hinter dem Ortsschild und vor dem ersten Garten biegen wir rechts ab. Neben uns sickert der Rest des alten Stadtgrabens, der den ganzen alten Ortskern umschließt – und früher natürlich viel breiter war. Wir passieren einen großen Sportplatz nebst Parkplatz und biegen gleich hinter den Bäumen auf den schmalen Pfad links ab. Hinter dem Brückchen wenden wir uns wieder nach links. Der Weg führt nun an Schrebergärten vorbei, und bald sehen wir vor uns den **Pulverturm** aufragen. Das alte Giebelhaus aus Backstein ist der letzte spanische Bau der Stadt. Im 17. Jahrhundert wurde er als Eckturm der Festung gebaut. Zunächst nutzte man ihn als Getreidespeicher für das Armenbrot, dann wurde er zum Gefängnis – heute beherbergt er ein Restaurant.

Wir biegen rechts ab, passieren den Biergarten, wenden uns dann sofort nach links in Richtung Stadt und folgen der nächsten Straße wiederum linker Hand – nun befinden wir uns in der **Neustraße** und setzen unseren zuvor begonnen Spaziergang durch das historische Zentrum fort. Der Grundriss des Ortes ist immer noch mittelalterlich, viele Häuser stammen aus dem 17. und 18. Jahrhundert und haben große Tore. Es ist sehr ruhig, kaum ein Auto fährt durch die Gassen. Als Nächstes kommen wir an der „Schanz" (Neustr. 17) vorbei, einem der ältesten Häuser des Ortes, in dem sich Wachtendonker Bürger zu Kriegszeiten vermutlich verschanzt haben. Vor vielen Häusern stehen Bänke, die als Treffpunkte für gelegentliche kleine oder größere Schwätzchen dienen. Und ab und zu sieht man auch eine Hausfrau im weißen Kittel vor der Tür stehen, die mit den Nachbarn plaudert. Man nimmt sich noch Zeit füreinander in Wachtendonk und das hat Tradition. So begegnen uns an sieben Straßenecken alte Holzpumpen, die man von alters her Pütt nennt. Sie versorgten die Bevölkerung nicht nur mit Trink- und Löschwasser, sondern dienten über Jahrhunderte auch als nachbarschaftliche Kontaktbörsen.

Anschließend passieren wir den rustikalen **Prinzenhof** (Neustr. 10). Er wurde um 1620 von den damaligen Herrschern von Wachtendonk gebaut, nachdem die Burg geschleift worden war. Auch französische Adlige, die vor der großen Revolution geflohen waren, sollen darin Asyl gefunden haben. Die Neustraße geht nun nach links in die

Viele der Häuser standen schon, als noch Pferde-kutschen durch Wachtendonk holperten.

Bruchstraße über. Beim Haus Nummer 6 war die Stadt im frühen 17. Jahrhundert zu Ende. Auch hier lässt eine Markierung auf dem Boden erkennen, wo die alte Stadt-mauer stand. Von ihr stammen übrigens einige der Ziegel-brandsteine der umliegenden Hausfassaden.

Nun drehen wir wieder um und biegen nach links in die Klosterstraße ein. Vorbei am ehemaligen St.-Ferdinand-Hospital (Klosterstr. 7) gelangen wir zum gelb gestriche-nen **Pfarrheim „Thal Josaphat"**, vor dem mächtige alte Dorflinden stehen. Das frühere Franziskanerkloster wurde 1430 von Wilhelm von Wachtendonk erbaut. Er musste, als einer von vier unehelichen Söhnen des Herzogs von Jülich-Geldern, „untergebracht" werden und heiratete die letzte Herrscherin der Wachtendonker Linie – Johanna von Wachtendonk. Fast 400 Jahre lang lebten darin Nonnen, bis das Kloster durch die Franzosen aufgelöst wurde. Zunächst stationierten diese ihre Gendarmerie ein, dann folgte die der Preußen, später diente das Gebäude als Volksschule. Gleich nebenan reckt sich der Turm von **St. Michael** dem Himmel entgegen. Die Kugeln im Kirchturm sollen übrigens an die frühere Belagerung Wachtendonks erinnern, stammen aber nicht aus dieser Zeit. In der Kirche selbst kann man mehrere uralte Grabsteine bestaunen.

Wer sich nach all den Geschichten ein wenig ausruhen möchte, pausiert im Garten des Pfarrhauses von St. Michael, der genau gegenüber dem Kirchenportal gelegen ist. Die Tür ist fast immer geöffnet. Ausflügler, die in der Altstadt noch einkehren möchten, sind mit dem nahe gelegenen Café „Im Hinterhof" gut bedient. Der Hintereingang befindet sich gleich rechts neben der Kirche. Die frühere Schreinerei ist heute gemütlich eingerichtet mit alten Sofas, Tischen und Krimskrams, ein bisschen wie in Omas guter Stube. Wer noch kann, erkundet den Ort weiter auf eigene Faust. Es gibt viele verschlungene Wege, die an wunderschönen privaten Gärten vorbeiführen. So lohnt es sich auch immer mal wieder, einen Blick über den Zaun zu werfen.

Fast eine Zeitreise: ein Spaziergang durch die beschauliche Altstadt

Abstecher in den Schlick

Ganz in der Nähe Wachtendonks liegt die Abtei Mariendonk, in der heute noch Benediktinerinnen leben. Von
dort aus kann man noch ein wenig in das Naturschutzgebiet Schlick stromern und sich an der niederrheinischen
„Mangrovenlandschaft" erfreuen. Hier wächst am Niers-
ufer dichtes Schilfrohr, und Weiden hängen ihre Zweige
ins Wasser. Um dorthin zu gelangen, laufen wir von der
Abtei aus etwa fünf Minuten auf dem Anfahrtsweg zurück (es ist der Niers-Radwanderweg Richtung Wachtendonk), bis links ein Pfad zur Niers abzweigt.

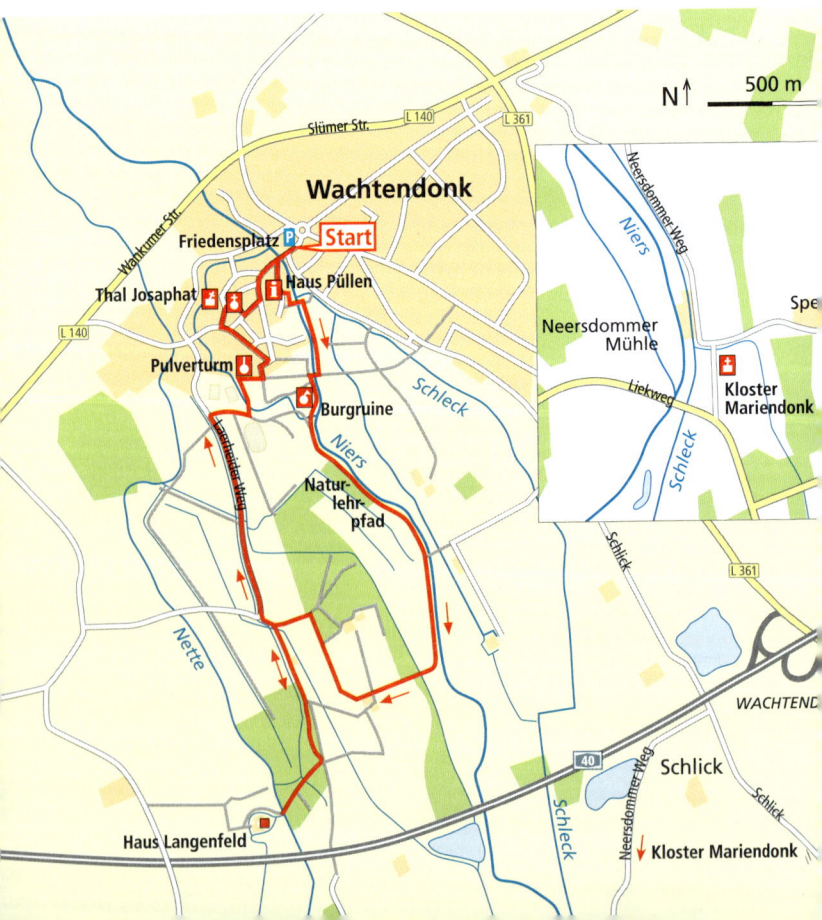

Anfahrt:

Nach Wachtendonk: A 40 Richtung Venlo, Ausfahrt Wachtendonk, Ausschilderung „Historischer Ortskern" folgen, auf dem Friedensplatz (oder alternativ in der links abzweigenden Moorenstraße) parken.

ÖPNV: Von Düsseldorf mit der Regionalbahn nach Kempen, dort umsteigen in Bus Nr. 063 Richtung Geldern Bf. bis Haltestelle Wachtendonk Friedensplatz.

Zur Abtei Mariendonk: Vom Friedensplatz zurück zum Kreisel fahren, dann Richtung Autobahn. Hinter dem Supermarkt rechts in den Schlecker Weg abbiegen. Diesem immer geradeaus folgen, auch dann noch, wenn er in die Straße Schlick übergeht. Dabei kommt man an einem wunderschönen niederländischen Viereckhof vorbei. Gleich nach der Autobahnunterquerung rechts in den Neersdommer Weg abbiegen. Geradeaus bis zur Abtei Mariendonk und dort parken.

Auskunft:

Tourist-Information und Naturparkzentrum Haus Püllen, Feldstr. 35, 47669 Wachtendonk, Tel. 02836/915565 und 02836/919900, **www.wachtendonk.de** und **www.npsn.de**. Geöffnet: täglich 9–12.30 Uhr und 13–17 Uhr. Führungen durch den historischen Ortskern, die Ausstellungen des Naturparkzentrums und den Bauerngarten.

Adressen und Hinweise:

• Abtei Mariendonk, Niederfeld 11, 47929 Grefrath bei Kempen, Tel. 02152/9154-0, **www.mariendonk.de**. Es gibt Gastzimmer sowie das Angebot „Kloster auf Zeit". An Weihnachten kann man sich in der Krypta des Klosters eine sehenswerte Krippe anschauen, die von den Nonnen selbst gestaltet wird.

• Naturparktag ist immer am letzten Sonntag im August. In mehreren Besucherzentren – unter anderem auch im Naturparkzentrum Wachtendonk im Haus Püllen – wird dann ein vielfältiges Programm geboten.

• Wer möchte, kann sich in die Geheimnisse einer Kräuterfrau einweihen lassen – bei einem gemeinsamen Spaziergang an der Niers oder dem Besuch eines artenreichen Gartens. Hier hält das Naturparkzentrum die aktuellen Termine bereit.

Einkehren:

• Café und Weinstube Harmes „Im Hinterhof", Weinstr. 12, 47669 Wachtendonk, Tel. 02836/7245. Geöffnet: Mo. 14–19, Di. und Mi. 14–22, Fr. 18–23, Sa. 14–23, So. u. Feiertage 10–20 Uhr (Nov.–Apr. auch Mo. Ruhetag).

• astrid´s höfchen, Meerendonker Str. 5, 47669 Wachtendonk, Tel. 02836/1471, **www.astrids-hoefchen.de**. Geöffnet: Di.–Fr. 12–21 Uhr, Sa./So. u. Feiertage 10–21 Uhr.

Karten:

Im Naturparkzentrum Wachtendonk sind zwei kostenlose Faltblätter erhältlich, die sich teilweise mit unserer Tour decken: „Geschichte zum Anfassen – ein Rundgang durch den historischen Ortskern Wachtendonk" und ein Faltblatt zum Naturlehrpfad entlang der Niers.

6

Zu Besuch beim Berggeist

Durch die Ville bei Weilerswist

Wenn Sie mal richtig „in den Wald" gehen wollen, lohnt es sich, nach Weilerswist an der Swist zu fahren. Neben viel Grün gibt es dort ein sagenumwobenes Türmchen, zu dem die Menschen seit Jahrhunderten pilgern, verträumte Seen, eine stille Kapelle mit bewegter Geschichte – und einen geheimnisumwitterten Eisenpfahl, der schon so manche Mär hervorgebracht hat.

Wanderung Swisterberg und Villeseen

Länge: rund 12 km, Gehzeit: 3,5 Stunden,
Schwierigkeitsgrad: einfach

Der alte Pilgerweg führte vom Swister Türmchen nach Weilerswist.

Seit Jahrhunderten schaut es vom Swisterberg ins Tal: das **Swister Türmchen**. Es ist der letzte Rest einer Kirche und des untergegangenen Dorfes Swist. Wir gelangen dorthin, indem wir zu Fuß der Straße in der Nähe unseres Parkplatzes folgen. Sie führt in ein paar Minuten hoch zu dem Ort, der einst ein beliebter Wallfahrtsort war. Hier rief man die drei christlichen Jungfrauen Fides (Glaube), Spes (Hoffnung) und Caritas (Liebe) um Hilfe an. Die Bauern der Umgebung baten um eine gute Ernte, die Mädchen um einen guten Ehemann und die Frauen um eine gute Geburt. Im 16. Jahrhundert erlebten die Wallfahrten ihre Blütezeit. Am Ostermontag strömten oft Tausende von Pilgern auf den Swisterberg. Doch im Lauf der Zeit ebbte der Zustrom langsam ab, bis die Bergkirche im 18. Jahrhundert verfiel. Um 1828 wurde das Kirchenschiff abgerissen, nur der Turm blieb stehen. Doch es sollte nicht einmal drei Jahrzehnte dauern, bis man den Turm wieder renovierte. Ins

Links: Muße pur – die Seenlandschaft der Ville

Erdgeschoss kam eine Kapelle, in die erneut die drei heiligen Damen einzogen – in Form von hölzernen Statuen, die von der „Bruderschaft vom Swister Berg" gestiftet wurden.

Es wird vermutet, dass es sich bei dem Trio um die Nachfolgerinnen der drei Matronen handelt: alte Fruchtbarkeitsgöttinnen, die von den Kelten, Germanen und Römern vor rund 1800 Jahren hierzulande verehrt wurden. Damals baute man für sie Tempel, deren Überbleibsel – die sogenannten Matronenheiligtümer – man bis heute im Rheinland verstreut finden kann. Diese Annahme wird unterstützt durch die Tatsache, dass man bei der letzten Renovierung des Swister Türmchens vor wenigen Jahren Fundamente aus römischer und vorrömischer Zeit entdeckte. Stand hier auf dem Swisterberg ebenfalls ein solches Matronenheiligtum?

Wir verlassen die Waldlichtung mit dem Türmchen genau im Rücken, genießen noch einmal den schönen Blick zur Eifel und beginnen unsere Tour auf einer Passage des Jakobsweges. Denn die Wallfahrtsstätte auf dem Swisterberg diente früher auch als Station auf dem Pilgerweg nach Santiago de Compostela. Auf dem kleinen Plateau kreu-

Unter dem Blätterdach am See entlang

zen sich sogar zwei alte Jakobswege: der von Köln nach Trier und der von Bonn nach Aachen. Wir folgen der Muschel und marschieren geradeaus in den Wald. Von nun an werden wir stetig durch alten Laub- und Mischwald wandern, ohne ein einziges Teerstück, aber dennoch sehr gut

Einst eine Kohlegrube: der Berggeistsee

begehbar. Zuerst geht es kurz über einen schmalen Busch-pfad, dann nach rechts auf einem breiteren Sandweg am Rand einer großen Kiesgrube entlang. An der Kiesgrube wählen wir A12/E/Pilgerweg. Bald taucht eine Gabelung auf, an der wir uns halb rechts halten (den markanten Baumstumpf mitten im Weg links liegen lassen). Weiter geht es auf dem Weg A12. Wir bleiben geradeaus und pas-sieren nach knapp zwei Kilometern die „Schutzhütte am Stern". Hier gehen fünf Wege ab, wir wandern genau ge-radeaus weiter, die Hütte rechts liegen lassend. Dabei über-queren wir den „Schnacke Jagdweg", der zu einem Eifel-verein-Fernwanderweg (mit Dreiecksmarkierung) gehört. Bald nähern wir uns der **Ville-Seenplatte**, die im ehema-ligen Tagebaugebiet liegt. Früher erstreckte sich hier eine sanft geschwungene Landschaft. Doch dann wurden die Bauern zu Bergmännern, die der Erde einen ihrer größten Schätze entrissen: die Braunkohle. Damit zogen Kachel-öfen, die wohlige Wärme verbreiteten, in die Wohnstuben ein und man konnte samstags ein heißes Bad nehmen. Für rund 100 Jahre bestimmten nun aber auch Abraumhalden, Kohlengruben und Brikettfabriken das Landschaftsbild.

Wälder, Wiesen, Äcker und jahrhundertealte Dörfer fielen den Baggern zum Opfer, die Bewohner etlicher „Kohledörfer" mussten umsiedeln.

1,5 Kilometer nach dem „Stern" wählen wir die erste deutlich rechtwinklige Abbiegung nach links und finden uns auf dem berühmten „Klüttenweg" wieder, der von der Mertener Heide zum Berggeistsee führt. Der Name stammt übrigens vom rheinischen Wort für Briketts. Über diese Route schleppten die Vorgebirgler mit Bollerwagen das schwarze Gold, das beim Tagebau „irgendwie" für sie abfiel, kilometerweit unter Mühen zum Heizen nach Hause, etwa nach Merten oder Rösberg. Nach circa einem Kilometer auf dem Klüttenweg erreichen wir den **Berggeistsee** und sehen die Wasseroberfläche durch die Blätter schimmern. Der See, dessen Wasser sehr klar ist, entstand 1936 ebenfalls im Zuge des Braunkohletagebaus. Seinen klingenden Namen verdankt er der Grube Berggeist, die sich früher an dieser Stelle befand (der größte Teil des ehemaligen Grubengeländes wird heute vom „Phantasialand" genutzt).

Naturbelassene Ufer, wo früher Bagger lärmten

Nun haben wir die Wahl: Man kann den stillen See auf einem lauschigen Weg unterm Blätterdach umrunden (gut zwei Kilometer, Dauer: eine Dreiviertelstunde). Da diese Strecke allerdings etwas oberhalb liegt, sieht man in den Sommermonaten von dem Gewässer nicht allzu viel. Eine Alternative ist der Trampelpfad, der fast immer in der Nähe des Sees, aber durch Gebüsch führt. Nach der Umrundung des Berggeistsees geht es rechts, einen Steinwurf weiter, zum **Lucretiasee**. Wir drehen noch eine Runde um diesen kleinen Nachbarsee (ein Kilometer Rundweg) und marschieren dann Richtung Birkhof. Hierbei kommen wir an der **Birkhof-Kapelle** vorbei, in der nicht selten ein Beter kniet. Der Ort hat eine bewegte Geschichte – und zwar im wahrsten Sinne des Wortes: Der Sage nach entdeckte ein Förster unter einem Baum eine Statue der Muttergottes und nahm sie mit nach Hause. Am nächsten Tag war sie jedoch verschwunden. Er fand sie an der gleichen Stelle wieder, was sich dreimal wiederholte. Dies war der Grund für den Bau eines ersten Heiligenhäus-

Mit Ende des Tagebaus füllte sich auch die Grube „Lucretia" mit Grundwasser.

chens aus Holz, das 1862 durch eine Steinkapelle ersetzt wurde. Doch als sich der Bergbau in den Villewald hineinfraß, stand das „Moddejoddeskapellche" wie es jetzt genannt wurde, im Weg und musste weichen. 1912 wurde als Ersatz die heutige Backsteinkapelle errichtet.

Von dem Kirchlein laufen wir über den unmittelbar davor liegenden großen Parkplatz zum Eingang des Birkhof-Geländes (linker Hand), wo der Wanderer eine Rast einlegen kann. Danach geht es zurück zum Parkplatz Birkhof. Gegenüber der Kapelle wählen wir den Weg A 10 (mit einer Linksbiegung unmittelbar am Parkplatzende). 200 Meter später, an einer Kreuzung, schlagen wir den ersten Weg nach rechts ein. Diesem „Reitweg" folgen wir 400 Meter, bis wir wieder auf den Schnacke Jagdweg quer vor uns stoßen. Der ist hier als A10, A11 bezeichnet, und wir marschieren nach links zur schon bekannten Schutzhütte am Stern. Der Weg zum „Swister Turm", den wir ebenfalls vom Beginn her kennen, ist nun mehrfach ausgeschildert und nicht zu verfehlen. Bis zum Ziel braucht es noch mal etwa eine Stunde.

Stand dem Abbau des „schwarzen Goldes" einst im Weg: die Birkhof-Kapelle.

Abstecher zum Eisernen Mann

Seit Jahrhunderten wirft er Rätsel auf: der „Eiserne Mann" im Kottenforst.

Wer nach der Seenwanderung noch Lust auf einen kuriosen Ort hat, besucht den „Eisernen Mann": einen geheimnisumwitterten Pfahl, der seit Jahrhunderten im Wald des Kottenforstes steht und dort für viel Verwirrung sorgt. Zu erreichen ist er nach der Anfahrt über einen etwa halbstündigen Fußweg. Wir spazieren vom Parkplatz gut fünf Minuten immer geradeaus auf einem Teerweg bis zum Waldrand, in Verlängerung der „Waldstraße", und passieren eine Gitterabsperrung. Es geht weiter gerade-

aus (im Zweifelsfalle – Gabelungsansatz – links halten).
Der Weg ist auch als Jakobspilgerweg (Muschel) und als
Radweg gekennzeichnet, anfangs auch als A34. Nach ei-
ner knappen halben Stunde ist der Platz mit Schutzhütte,
Bänken und Infotafel erreicht.

Und dort steht sie nun, die berühmte Eisenstange, die
etwas mehr als einen Meter aus der Erde ragt. Sie rostet
nicht und ließ sich bei früheren Versuchen nicht einmal
mit einem Traktor aus dem Boden ziehen. So ist es kein
Wunder, dass man lange Zeit glaubte, der Pfahl würde
sehr tief in der Erde stecken. Doch bei Ausgrabungen
1978 wurde entdeckt, dass die Stange „nur" 2,18 Meter
lang ist, aber ein T-förmiges Endstück hat und deswegen
so fest im Boden sitzt.

Und man weiß eigentlich immer noch nicht, wie und warum der Eiserne Mann da überhaupt hingekommen ist.
Manche glauben, er sei ein Denkmal für einen General
namens „Eisenstein", der hier nach einer Schlacht im Dreißigjährigen Krieg begraben wurde. Andere sagen, es han-
dele sich um eine mittelalterliche Gerichtsstätte. Erich
von Däniken sah in ihm sogar eine Signalstation für Au-
ßerirdische.

Schaut man in die Schriften, findet man in einer Quelle
aus dem Jahr 1625 einen ersten Hinweis auf ein „großes
eisernes Kreuz in der Erde", das eine Grenze markiere.
Allerdings stand dieses an einer anderen Stelle, und zwar
zwischen Alfter und Heimerzheim. Ob man es versetzt
hat? Möglicherweise hat Clemens August im 18. Jahrhundert den Eisernen Mann ausbuddeln lassen. Der Kölner
Erzbischof und Kurfürst gestaltete damals für seine ge-
liebte Hirschjagd die Wegesysteme landschaftsarchitekto-
nisch um, ganz so, wie es dem Stil des Barock entsprach,
und man munkelt, dass er den Pfahl als Vermessungs-
punkt benutzt haben soll. Dafür spricht auch, dass sich

das sagenumwobene Relikt heute noch genau in der Verlängerung der Mittelachse des Brühler Schlossparks befindet, an der Kreuzung von fünf Waldwegen.

Viele Geschichten, die noch ein bisschen im Kopf herumspuken dürfen, während wir gemütlich zum Parkplatz zurückschlendern ...

Anfahrt:

Zum Swisterberg: A 553 von Köln Richtung Euskirchen/Weilerswist, Ausfahrt Brühl-Süd. Dort abbiegen auf die L 194 (Phantasialandstraße/Kölner Straße) Richtung Weilerswist. Parken auf dem Wanderparkplatz rechts unmittelbar vor Weilerswist gegenüber der Abbiegung zum Swister Turm/Swisterberg.

ÖPNV: Mit der Stadtbahnlinie 18 von Köln oder Bonn bis Brühl-Mitte, dort umsteigen in Bus Nr. 985 Richtung Euskirchen bis Haltestelle Swisterberg. Alternativ mit der Bahn bis Weilerswist Bf., von dort Bus Nr. 985 Richtung Brühl bis Haltestelle Swisterberg.

Zum Eisernen Mann: Auf der Kölner Straße weiter durch Weilerswist, dann links ab Richtung Bonn und A 61 (Bonner Straße, L 163), immer geradeaus, durch Metternich und Heimerzheim bis Dünstekoven; in Ortsmitte Dünstekoven links in die Waldstraße einbiegen. Nach circa einem Kilometer am Sportplatz parken.

Auskunft:

Infos zur Region und zu verschiedenen Tourismusorganisationen unter
www.naturpark-rheinland.de

Einkehren:

Birkhof, Am Birkhof 1, 50321 Brühl, Tel. 02232/32954.
Geöffnet: Di.–Fr. 15–22, Sa., So. 10–22 Uhr (Okt.–März: Mo. und Di. Ruhetag).

Karten:

- Freizeitkarte „Brühl und die Villeseen", 1:25 000, erhältlich unter
  www.naturpark-rheinland.de
- Wanderkarte Nr. 6 des Eifelvereins, „Rheinbach, Alfter", 1:25 000,
  www.eifelverein.de

7

Am stillen See

Einmal rund um die Neyetalsperre

In ganz Europa gibt es wohl keine andere Region, in der so viele Stauseen dicht an dicht liegen wie im Bergischen Land. Und dabei sehen die künstlichen Wasserinseln auch noch so echt aus, dass sie regelmäßig im Werbespot einer bekannten Brauerei vor dem „Tatort" über den Bildschirm flimmern. Wir möchten Ihnen einen der schönsten Rundwege um eine dieser bezaubernden Naturoasen ans Herz legen: die Uferwanderung um die Neyetalsperre nahe Wipperfürth. Bei dieser Tour spaziert man fast die ganze Zeit am Wasser entlang – und kann sich gar nicht verlaufen.

Wanderung um die Neyetalsperre

Länge: 11 km, Gehzeit: 3 Stunden,
Schwierigkeitsgrad: einfach

Kaum eine andere Gegend Deutschlands besitzt so viel Wasser wie das regenreiche Bergische Land. Ein Reichtum, der einst zur Schatzkiste für den ganzen holprigen Landstrich wurde. Denn die Flüsse, allen voran die Wupper, aber auch die vielen kleinen Bäche, lieferten die Grundlage für die im 19. und 20. Jahrhundert boomende Tuch- und Metallindustrie. Die Folge: Die Bevölkerung wuchs und man brauchte rasch mehr Trinkwasserreservoirs. Den Auftakt machte die Remscheider Eschbachtalsperre – die Großmutter aller hiesigen Talsperren. Sie wurde 1891 fertiggestellt und ist damit die älteste deutsche Trinkwassertalsperre überhaupt. In den Jahren 1905 bis 1908 folgte die Neyetalsperre, ebenfalls erbaut, um den großen Durst der schnell wachsenden Stadt Remscheid zu stillen. Ohne Hektik geht es los: Wir parken stress- und kostenfrei auf dem großen Wanderparkplatz vor „Christian's Gasthaus", wenden uns nach links und marschieren am

Naturpanoramen fast wie an einem Fjord

Links: Ruheinsel im Oberbergischen – die Neyetalsperre

Lokal vorbei. An der Gabelung zwischen zwei Schranken nehmen wir zunächst den Weg geradeaus (auch A1), an der nächsten Gabelung halten wir uns links. Gleich taucht rechts von uns die beeindruckende **Staumauer** auf. Sie ist mächtige 31 Meter hoch und erinnert mit ihren trutzigen Türmchen an eine mittelalterliche Stadtmauer. Wir überqueren den denkmalgeschützten Bau aus Bruchsteinen und biegen hinter dem Bollwerk rechts ab.

Der Weg führt nun die meiste Zeit direkt am Wasser entlang. An zahlreichen kleinen Buchten eröffnen sich immer wieder reizvolle Ausblicke auf das mit Schilf bewachsene Ufer und die Wasseroberfläche, in der sich der Himmel spiegelt. Heute, rund 100 Jahre nach dem Bau, ist die Talsperre wie viele andere der künstlichen Seen zu einer Ruheinsel für Flora und Fauna geworden. Zu den zahlreichen Insektenarten, die sich hier niedergelassen haben, gehören zum Beispiel die Glänzende Smaragdlibelle und die Gebänderte Prachtlibelle. Wer Glück hat, kann auch einige (seltene) Vogelarten erspähen. So brüten an der Neyetalsperre etwa Graugans, Nilgans, Haubentaucher,

Ein ufernaher Rundwanderweg führt um die Neyetalsperre herum.

Höckerschwan, Blässhuhn und Eisvogel. Als Winter-
gäste kann man verschiedene Entenarten wie Reiher-,
Schell- und Pfeifente beobachten. Auch Fischadler auf dem
Durchzug statten der Talsperre einen Besuch ab. Die
Pflanzenwelt wartet ebenfalls mit Raritäten auf: So zählt
etwa der Strandling zu den hiesigen Besonderheiten.
Dieses unscheinbare Wegerichgewächs findet man bei
etwas niedrigerem Wasserstand über weite Strecken am
Talsperrenrand. Es sieht von Weitem aus wie Gras und
kommt in Deutschland nur noch an wenigen Stellen vor,
da sein Lebensraum durch jahrelange Entwässerungen
immer mehr eingeschränkt wurde. Die Neyetalsperre
bietet auch ihm eine neue Heimat.

Wir wandern fast ausschließlich auf ebenen Waldwegen
unter schattenspendenden Bäumen. Nach einer Weile kommen wir an einer Pegelmessstation vorbei. Und bald könnte man meinen, demnächst wieder an der Staumauer angelangt zu sein, doch das ist – wie bei vielen anderen Seen
– ein Irrtum. Wir haben nur die erste von sechs Schleifen hinter uns, die sich teilweise recht weit ins Land zie-

Die Ber-
gischen
Talsperren
dienen vielen
Vögeln als
Rastplatz.

In der länd-
lichen Abge-
schiedenheit
des Bergi-
schen Landes
hen. Erst an der letzten Kehre hat man den von der Staumauer am weitesten entfernten Punkt erreicht. Dort, am
anderen Ende der Talsperre, wenden wir uns beim Schup-
pen nach rechts. An Fischteichen vorbei geht es über den
Damm auf die andere Seite. Nun sind wir wieder auf dem
Weg A1. Zunächst spaziert man durch den Auenwald.

Hier ist die Stimmung eine ganz andere als am nun gegenüberliegenden Ufer. Neben uns plätschert jetzt die **Neye**,
die ein Nebenfluss der Wupper ist. Außerdem verläuft
der Rückweg nicht mehr ganz so nah am See entlang. Dafür fällt der Blick auf moosbewachsene Baumstämme.
Immer wieder laden Bänke am Wegesrand zum Verweilen ein – ein Angebot, das man annehmen sollte. Denn es
ist herrlich beruhigend, einfach nur dazusitzen und aufs
glitzernde Wasser zu schauen. Der See ist übrigens durch
unterirdische Stollen mit der größeren Bevertalsperre und
der kleineren Silbertalsperre verbunden.

Wenn wir nun die Staumauer wieder sehen, haben wir es
bald geschafft. Achtung: Bei einer mächtigen, einzeln stehenden Baumruine verlassen wir den Hauptweg und folgen dem Pfad nach rechts. Im Folgenden wählen wir immer den Weg, der in der Nähe des Wassers verläuft. Nach
einigen Windungen im Wald taucht links wieder das erste
Haus auf. Dort hinauf geht es zu unserem Ausgangspunkt:
„Christian's Gasthaus", das von Mutter und Sohn betrie-
ben wird. In diesem urigen Fachwerkhaus, in dessen Garten schon mal ein Lämmchen herumtollt, kann man den
Tag bei einer wohlverdienten Einkehr bergisch-kulinarisch
ausklingen lassen.

Faszinierende
Lichtspiele
zu jeder
Jahreszeit

Lokalkolorit: altehrwürdiges Schieferhaus in der alten Hansestadt Wipperfürth

Wer mag, bummelt noch ein wenig durch die geschichtsträchtige Altstadt von Wipperfürth, deren Grundriss noch dem des 14. Jahrhunderts entspricht. Früher, als die Wupper noch Wipper hieß, lag der Ort strategisch günstig: an der Schnittstelle der traditionellen Handelswege, die von Köln ins Westfälische beziehungsweise vom Siegerland nach Wuppertal führten. Schnell entwickelte sich rund um die „Furt an der Wipper" ein lebhafter Handelsplatz. Außerdem führte der Fluss selbst reichlich Wasser und dem Handel folgte so bald eine eigene Tuchindustrie. Durch diese wirtschaftliche Blüte wurde Wipperfürth 1217 als erster Ort im Bergischen zur Stadt ernannt und avancierte im 14. Jahrhundert sogar zur Hansestadt. Kaufleute aus der Tuchstadt Wipperfürth trieben Handel mit England, Südeuropa, dem Baltikum und Russland.

Bevor es wieder nach Hause geht, sollte man sich zum Ausklang dieser Tour einen Abstecher ins nur sechs Kilo-

meter von Wipperfürth entfernte Ommerborn nicht entge-
hen lassen (Ausflügler, die Richtung Köln müssen, können
dann weiter via Süttenbach, Hommerich und Oberkühl-
heim zur A4-Auffahrt Untereschbach fahren, eine land-
schaftlich sehr reizvolle Strecke). Hier erwartet den Be-

Weite und
Wolken – am
Freiluftaltar
des Klosters
Ommerborn

sucher ein ganz besonderer Ort: der **Freilichtaltar** des
Klosters Ommerborn. Schon von Ferne sieht man auf einer Anhöhe drei große weiße Kreuze in den Himmel ragen.
Sie wurden 1935 errichtet – und zwar anlässlich der Fron-
leichnamsprozession, die seit 1929 jedes Jahr am Sonntag
nach Fronleichnam vom Kloster aus stattfindet. Manchmal
steht hier oben aber auch die ganze Wiese voller Pferde,
denn an diesem Platz werden auch Pferde- und Kutschen-
segnungen abgehalten. Das Kloster selbst wurde 1922
vom Orden der Eucharistiner für Novizen und als Erho-
lungsheim gegründet. Doch die Tage des spirituellen Ortes sind wohl gezählt. Von den ursprünglich 80 Patres ist
heute nur noch Pater Friedel Kötter übrig. Die Fronleich-
namsprozession soll aber auf jeden Fall weiterhin statt-
finden. Was wohl immer bleiben wird, ist die wunderbare Panoramasicht vom Freiluftaltar auf die Bergischen
Höhen.

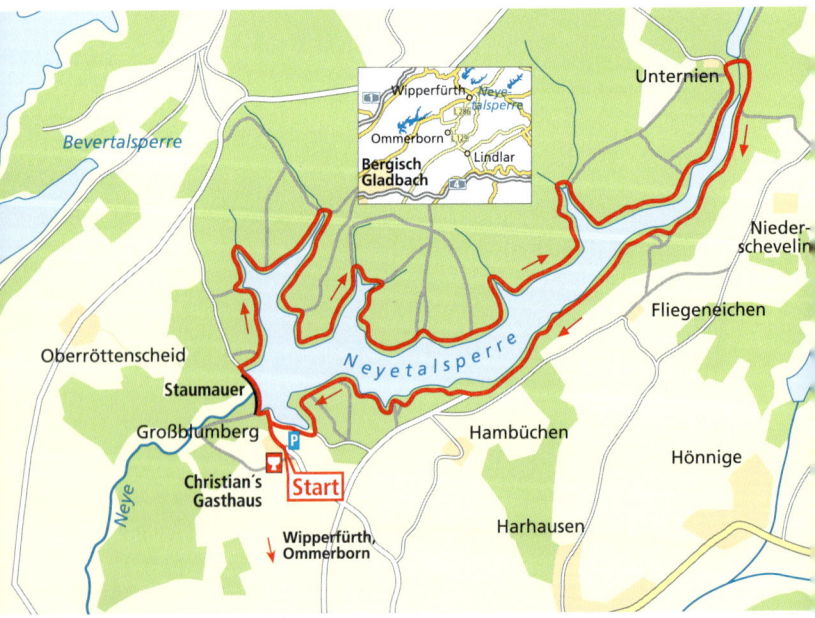

Anfahrt:

Zur Neyetalsperre: In Wipperfürth auf die B 237, beim einzigen Hochhaus des Ortes in die Königsbergerstraße abbiegen, dem Straßenverlauf folgen. Die Straße mündet in die „Ommer", man passiert den Stadtteil Sonnenschein, nach rund 400 Metern links abbiegen. Vor dem „Gasthaus zur Neyetalsperre" auf dem großen Wanderparkplatz parken.

Zum Freilichtaltar Ommerborn: Von Wipperfürth aus in südlicher Richtung über die L 286 / L 129, rechts abbiegen in die Straße „Ommerborn".

Auskunft:

Tourist Information der Stadt Wipperfürth, Marktplatz 1 (Rathaus), 51688 Wipperfürth, Tel. 02267/64-319, **www.wipperfuerth.de**

Adressen und Hinweise:

- Frühaufsteher werden ab Frühjahr an der Neyetalsperre mit Vogelkonzerten belohnt.
- Schwimmen ist in der Neyetalsperre nicht erlaubt, dafür bietet sich die nahe gelegene Bevertalsperre an.
- 21 abwechslungsreiche Wege durchs Bergische nennt die Broschüre „berg.wege", kostenlos erhältlich (auch als Download auf der Internetseite) bei: Naturarena Bergisches Land GmbH, Haus Plietz, Eichenhofstraße 31, 51789 Lindlar, Tel. 02266/46337-0, **www.naturarena.de**
- Wer ohne schweren Rucksack einen oder mehrere Tage in eine Richtung wandern will, kann den Gepäcktransport in Anspruch nehmen, der von einigen Bergischen Gaststätten angeboten wird. Info: Bergische Wandergastronomie, Tel. 02267/88130, **www.bergische-wandergastronomie.de**

Einkehren:

- Christian's im Gasthaus zur Neyetalsperre, Großblumberg 3, 51688 Wipperfürth, Tel. 02267/82666. Geöffnet: Mi. und Do. 12–14 und ab 18 Uhr, Fr. ab 12 Uhr, Sa./So. ab 9.30 Uhr.
- Einen urigen Wandertreff gibt es auch in der nahe gelegenen Ortschaft Thier: Haus Berger, Kapellenberg 1, 51688 Wipperfürth (Thier), Tel. 02267/6570213. Geöffnet: Mo., Mi.–Fr. ab 17 Uhr; Sa. ab 14 Uhr (im Winter ab 17 Uhr), So. ab 10 Uhr.

Karten:

Wanderkarte im Naturpark Bergisches Land 4 (Bergneustadt, Engelskirchen, Gummersbach, Lindlar, Meinerzhagen, Reichshof, Wiehl, Wipperfürth), 1:25 000. Erhältlich im Buchhandel und unter **www.naturarena.de**.

8

Unterwegs auf alten Rheinarmen

Worringer Bruch und Kloster Knechtsteden

Früher, da durfte Vater Rhein noch öfter sein Bett wechseln – und dabei ließ er meist etwas liegen: die Altrheinarme. So eine vergessene Rheinschlinge durchfloss vor rund 8 000 Jahren auch das Gebiet des heutigen Worringen. Im Lauf der Zeit verlandete sie und teilte damit das Schicksal vieler ihrer Schwestern. Zurück blieb der Worringer Bruch, ein Sumpfwald mit leicht düsterer Atmosphäre – eine stimmungsvolle Kulisse für jede Jahreszeit.

Wanderung durch den Worringer Bruch

Länge: ca. 8 km, Gehzeit: 2,5 Stunden,
Schwierigkeitsgrad: einfach

Historischer Fronhof im alten Bauern- und Rheinfischerdorf Worringen

Am nördlichsten Zipfel Kölns befindet sich ein mooriger Urwald: der Worringer Bruch. Seine mäandernde Flussschleifenform, die einem Hufeisen ähnelt, ist immer noch auf jeder normalen Straßenkarte zu erkennen. Um dorthin zu gelangen, durchqueren wir Worringen, das mit seinen jahrhundertealten Hoftoren, den engen, verwinkelten Straßen und den kleinen Häusern der Rheinfischer noch sehr ländlich wirkt. Nun geht es weiter zum Senfweg, der unser Einstieg in das dicht bewaldete Naturschutzgebiet Worringer Bruch ist.

Eine der schönsten Aussichten kommt gleich zu Beginn: Rechts und links fällt der Blick durch Brombeerhecken auf eine offene Sumpf- und Moorlandschaft. Abgestorbene Bäume ragen aus dem Wasser, das dort leise vor sich hin gurgelt, dazwischen kleine Inseln. Wenn man hier steht, befindet man sich übrigens auf einem Tiefpunkt: Der Worringer Bruch ist mit einer Höhe von 37,5 Metern über dem Meeresspiegel der tiefste Punkt Kölns. Wer im

Links: Wildnis vor der Toren Kölns – der Worringer Bruch

Frühjahr kommt, den empfangen Heerscharen von Fröschen mit einem ohrenbetäubenden Konzert. Sie haben ihre Laichgründe im Brackwasser des alten Rheinarms, ebenso wie die Erdkröte und der seltene Kammmolch. Gleich nach dem Wäldchen biegen wir rechts ab auf den Feldweg, der zwischen Wald und Feldrand verläuft. Nun befinden wir uns auf dem **Bruchweg**, der auch ein Teilstück des „Kölnpfads" ist, eines insgesamt 171 Kilometer langen Wanderwegs rund um Köln, ausgearbeitet vom Kölner Eifelverein (Markierung: weißer Kreis auf schwarzem Grund). Rechts neben uns: Naturwald und jede Menge sumpfiges Gehölz. Da kommt Lust auf, einmal mittendurch zu stromern! Und das ist auch gleich möglich: Bei der zweiten Schranke wählen wir den Weg, der rechts abgeht, und durchstreifen nun das Feuchtgebiet des uralten Mäanderbogens. Auf beiden Seiten wachsen Erlen, Eschen und schief hängende Weiden, zu ihren Füßen wuchert krautiges, üppiges Grün. Der Blick fällt auf moosbewachsene Stämme und dann auf offene Flächen mit hochwachsenden Gräsern. Und dazwischen immer wieder abgestorbene Bäume, die ihre kahlen Stämme und Äste gespenstisch in den Himmel strecken. Im dichten Strauchwerk wächst der Bittersüße Nachtschatten und auch die Nach-

Das Naturschutzgebiet ist geprägt durch schwankende Grundwasserpegel.

Der ver-
landete
Mäander-
bogen des
Rheins ist
heute ein
Biotop für
seltene
Arten.

tigall ist hier zuhause. Es ist nur noch ein kleiner Flecken Landschaft, aber er zeigt, wie es früher wohl in der ganzen Gegend ausgesehen hat. Das Ende des Weges markiert wieder eine Schranke. Vor uns liegt ein Feld, wir hören die Landstraße rauschen. Hier gehen drei Pfade ab, von denen wir den ganz linken wählen.

Nun geht es kurz durch ein Wäldchen, dann erreichen wir wieder einen Feldrand. Rechts von uns liegt Blumenberg. Wir marschieren geradeaus, erneut zwischen Wald und Feld. Es ist eine Landschaft mit niederrheinischer Anmutung: vereinzelte Wäldchen, feuchte Wiesen, in der Ferne säumen Pappeln das Rheinufer. Wir folgen dem Weg und sehen über den Nordrand der Kölner Bucht hinweg bis zu den Ausläufern des Bergischen Landes. Schließlich haben wir die Spitze des Hufeisens erreicht: Rund 100 Meter vor der Neusser Landstraße, 15 Meter bevor die Bäume auf-

hören, biegen wir links ab ins Wäldchen. An dessen Ende, das heißt nach etwa 400 Metern, schlagen wir den Weg linker Hand ein, so dass wir jetzt den Waldrand links von uns und das Feld rechts haben.

Am Ende des ersten Feldes – nach rund 150 Metern – nehmen wir den ersten Feldweg nach rechts. Wir marschieren quer übers Feld, auf die drei Schornsteine zu, die sich über den gegenüberliegenden Wipfeln zeigen. Nach circa 700 Metern treffen wir auf die Teerstraße, die mitten durch das landschaftliche Hufeisen führt (das ist wieder der Senfweg). Auf ihr läuft man ein Stück, etwa 400 Meter, nach links, biegt dann bei der nächsten Möglichkeit (beim einzeln stehenden Nussbaum) rechts ab und wandert auf einem schmalen Teerweg auf das gegenüberliegende Wäldchen zu. Nach knapp 400 Metern Waldumgebung, an einer größeren Kreuzung, geht es in alle vier Himmelsrichtungen. Wir spazieren hier links, weiter unter dem Blätterdach.

Fünf Minuten nach dieser Kreuzung biegen wir an der nächsten Möglichkeit wieder links ab, in einen schmaleren Weg. Über uns rauschen die Pappeln und weiter geht's durch den urtümlich wirkenden Wald, dessen Wasserstand übrigens stark schwankt – je nach Rheinpegel. Dieses vorletzte Stück unserer Wanderung, das sich Bruchgraben nennt, ist besonders lauschig, weil ein ausnehmend hohes, schönes Laubdach uns auf unserem Rasenpfad begleitet und beschattet. Zuletzt gelangen wir wieder auf den Senf-weg – und gehen nach rechts zum Ausgangspunkt zurück. Ganz in der Nähe, auf den Freiflächen rund um den Wor-ringer Bruch, befand sich übrigens vor über 700 Jahren das große Heerlager der Brabanter, die bei der berühmten **Schlacht von Worringen** mitmischten. Sie fand am 5. Juni 1288 auf der Heide südlich von Worringen statt und gilt als eine der blutigsten Ritterschlachten des ganzen Mittel-alters, wenn nicht sogar als größte, die je auf deutschem Boden ausgetragen wurde. Schätzungen zufolge waren rund 10 000 Kämpfer, Ritter und Fußvolk, dabei. Die Schlacht war der Gipfel eines jahrelangen Streits um die limburgische Erbnachfolge, in dem der Kölner Erzbischof den Grafen von Luxemburg unterstützte, gegen den Macht-anspruch Johanns von Brabant. Letzterer siegte mit seinen Verbündeten, darunter der Graf von Berg und ein Aufge-bot Kölner Bürger. Rund 1100 Männer starben auf dem Schlachtfeld, Hunderte erlagen später ihren Verletzun-gen. In Köln soll es nach dem Gemetzel über 700 Witwen mehr gegeben haben.

Schmale Pfade führen durch das verwobene Dickicht der Auenland-schaft.

Vor der
Kirche
St. Pankratius
erinnert eine
Stele an die
bewegte Ver-
gangenheit
Worringens.

Der Ausgang der Fehde beeinflusste nicht nur die Machtverhältnisse im gesamten Nordwesten Mitteleuropas, sondern führte auch am Rhein zu einer grundlegend neuen Situation: Der Erzbischof, der als Verlierer gefangen genommen wurde und ein Jahr lang als unfreiwilliger Gast auf Schloss Burg schmoren musste, wurde aus Köln vertrieben. Er residierte fortan in Bonn, genau wie seine Nachfolger während der nächsten Jahrhunderte. Köln aber wurde freie Reichsstadt und Düsseldorf – damals noch ein Dorf mit höchstens 400 Einwohnern – vom Grafen von Berg zur Stadt erhoben. Die Schlacht war jedoch wohl nicht der Grund für die häufig zitierte „Feindschaft" zwischen den beiden Rheinmetropolen, denn die Kölner Bürger kämpften ja ebenfalls gegen ihren Bischof. Vermutlich rührt sie eher daher, dass die neuen preußischen Machthaber Anfang des 19. Jahrhunderts Düsseldorf zur Hauptstadt der Rheinprovinz kürten und nicht das katholische Köln. Dass Düsseldorf später zur Landeshauptstadt wurde, machte die Sache aus Sicht der Kölner natürlich nicht besser.

Abstecher zum Kloster Knechtsteden

Die wuchtige
Gewölbe-
basilika
wurde 1130
von den
Prämons-
tratensern
erbaut.

Wer anschließend noch Lust auf einen Muße-Ort wie aus
dem Bilderbuch hat, sollte zum Kloster Knechtsteden fahren, das zu den ältesten Wallfahrtsstätten des Rheinlan-
des zählt. Schon von Weitem sind die Türme der wuchtigen romanischen Basilika zu sehen. Sie ruht ebenfalls
auf einem alten, mächtigen Rheinarm. Dieser führte vor
rund 900 Jahren allerdings noch so viel Wasser, dass die
Steine für den Bau der Kirche mit dem Kahn hierherge-
schippert wurden. Auf den Aufschüttungen hat man dann
das Kloster gebaut. Gegründet wurde die Abtei von den
Prämonstratensern, die bis zur Säkularisierung um 1800

hier wirkten. Das Gebäude fiel später an die Kölner Armen-
verwaltung, die dort eine Heilstätte für Nervenkranke einrichten wollte. Diesen Plan machte jedoch ein verheeren-
der Brand 1869 zunichte. 30 Jahre später erwarben die Spi-
ritaner die Ruine. Der Orden errichtete eine Schule für die
Ausbildung von Missionaren, von hier aus zogen die Brüder und Patres dann nach Afrika und Brasilien.

Wir gehen vom Parkplatz aus auf dem schnurgeraden Weg
durch das barocke Tor, wandeln auf der kleinen Allee,
besuchen die Basilika und werfen noch einen Blick auf
den kleinen, schlichten Friedhof. Dort erinnert eine große Gedenktafel an die Brüder, die im Ausland begraben
wurden: in Mauritius, Tansania oder auf der Fahrt nach
Martinique im Meer.

Anfahrt:

Zum Worringer Bruch: Über die A 57 oder die B 9 (Neusser Landstraße) nach Worringen. In der Nähe des S-Bahnhofs Worringen parken, am besten beim Senfweg.

ÖPNV: Mit der S 11 zum S-Bahnhof Köln-Worringen.

Zum Kloster Knechtsteden: Von Worringen über Hackenbroich nach Delhoven, dort links abbiegen auf die Klosterstraße, bis rechts das Kloster auftaucht.

ÖPNV: Ab S-Bahnhof Worringen mit dem Bus Nr. 885 in Richtung Nievenheim.

Hinweise:

- Im Worringer Bruch kann es sehr matschig werden, festes Schuhwerk ist daher empfehlenswert! Die kühlere Jahreszeit ist für den Besuch angenehmer als der Sommer, da es dann keine Mücken gibt.
- Im Kloster Knechtsteden gibt es ein Heuhotel (für Gruppen ab zehn Personen), Info: Tel. 02133/869120 und **www.spiritaner.de/knechtsteden**

Einkehren:

Klosterhof Knechtsteden (direkt beim Kloster), Winand-Kayser-Straße, 41540 Dormagen-Knechtsteden, Tel. 02133/80745, **www.klosterhof-knechtsteden.de**

Orte
mit
„Spirit"

Magische Plätze und alte Geschichten

9

Blicke in nahe und ferne Galaxien

Bruder-Klaus-Kapelle und Radioteleskop Effelsberg

Manchmal passieren sie eben doch, die Wunder. So steht, nicht weit von Köln entfernt, auf einem Eifelacker eine Kapelle. Nicht irgendeine: Entworfen hat sie ein weltberühmter Architekt auf die Bitte eines Bauern hin – ohne Honorar. Und wer nach dem meditativen Besuch dieses zeitgenössischen Architekturdenkmals noch etwas wandern möchte, kann im Schatten einer gewaltigen High-Tech-Anlage bis zum Rand des Universums marschieren.

Spaziergang zur Bruder-Klaus-Kapelle

Länge: 2 km (Hin- und Rückweg), Gehzeit: 30 bis
40 Minuten, Schwierigkeitsgrad: einfach

Eines Tages beschloss ein Eifelbauer etwas, was man eigentlich nur noch aus alten Geschichten kennt: Aus Dank-
barkeit für ein langes, gutes Leben wollte er eine Kapelle
bauen und zwar zu Ehren des heiligen Bruder Klaus. Denn
jener ist der Schutzpatron der Katholischen Landjugend-
bewegung, mit welcher sich der Landwirt ebenfalls eng
verbunden fühlt.

Als er 1998 in der Zeitung las, dass der Schweizer Star-
Architekt Peter Zumthor den Wettbewerb um den Neubau
des Diözesanmuseums in Köln gewonnen hatte, schickte
er ihm einen Brief mit der Frage, ob er denn nicht auch
ein Kirchlein auf seinem Acker im Eifelörtchen Wachendorf bauen könnte. Und: Er hatte Glück. Denn jener Bruder Klaus war auch der Lieblingsheilige von Zumthors
Mutter. Bis zur Vollendung des Baus sollten allerdings
noch einige Jahre ins Land gehen. Erst 2007 wurde die
Feldkapelle eingeweiht.

Zu dem erstaunlichen, hochmodernen Bauwerk führt ein
etwa 20 Minuten dauernder Fußmarsch fast immer geradeaus durch die Äcker – stets mit Blick auf die **Kapelle**.
Der Weg auf die leichte Anhöhe zu, mit Wald im Hinter-
grund, ist schon eine Art Meditation, als würde er zum
Besuch dazugehören. Von Ferne erscheint das Bauwerk
als asymmetrischer, zwölf Meter hoher graubrauner Klotz.
Es besteht aus Beton, angemischt mit Flusskies und Sand
aus der Umgebung. Denn Zumthor setzt seine Arbeiten
immer in Bezug zum Ort. Außerdem konnten der Bauer,
seine Familie und viele freiwillige Helfer so selbst Hand
anlegen. Sie nutzten die alte Handwerkstechnik des Be-

Links: Moderne Architektur auf einem Eifelacker – die Bruder-Klaus-
Kapelle

Der Himmel wölbt sich über der kubisch-kompakten Feldkapelle.

tonstampfens, die noch in den 1950er Jahren in der Eifel üblich war.

Beim Näherkommen entdeckt man viele kleine Löcher in den Wänden. Sie gleichen Einschüssen, enthalten jedoch über 300 Glaskugeln für den Lichteinfall. Durch eine spitze, dreieckige Stahltür betritt man das futuristische Gebäude, vergewissert sich vielleicht, dass man zur Not auch wieder herauskommt, und steht dann in der engen Beton-höhle, umgeben von rußigen Wänden. 112 Baumstämme bildeten innen während der Bauzeit das Gerüst der Kapel-le und wurden nach Errichtung der Wände herausgebrannt. Drei Wochen lang glimmte dafür ein Köhlerfeuer. Geblie-ben ist ein kleiner, sehr hoher Schlauch, der nach oben konisch zuläuft und den Blick in den Himmel freigibt. Wenn es regnet, verstärkt sich der mystische Eindruck noch, dann tropft es auf den Boden, auf dem sich eine Pfütze bildet. Ein unglaublicher Muße-Ort, befremdlich und zugleich sehr anziehend. Moderne „Kunst" ist es alle-mal, und eine „Klause" soll es andeuten, das kann man begreifen – der Rest ist Staunen, Fühlen. Man muss wirk-lich „drinnen" sein, am besten allein, und dann ist alle Au-ßenwelt verschwunden. Eine Kerze kann man aufstellen, ansonsten gibt es kein Ritual – es sei denn man denkt an Bruder Klaus. Dieser gilt als Schutzpatron der Schweiz und wurde 1417 unter dem Namen Nikolaus von Flüe im Alpenland geboren. Nach bäuerlichem Familienleben mit zehn Kindern beschloss er im Alter von 50 Jahren, Ein-siedler zu werden. In seiner Klause lebte er fortan aske-tisch, hatte mystische Visionen, war aber auch in religi-ösen und politischen Anliegen ein gefragter Ratgeber seiner Zeitgenossen.

Richtig einsam wird es in der Klausenkapelle allerdings nur noch selten, denn mittlerweile ist sie auch über Deutschland hinaus bekannt. Und so zieht die „Wallfahrt nach Wachendorf" nicht nur religiöse Besucher an, auch Kunst- und Architekturliebhaber pilgern in Scharen zum Bruder Klaus auf den Acker. Wer noch weiter laufen möch-te, dem empfehlen wir einen Abstecher zum Radiotele-skop Effelsberg – wo es mit Lichtgeschwindigkeit durch die Eifel geht.

Wanderung rund ums Radioteleskop

Länge: zur Aussichtsplattform knapp 2 km (Hin- und Rückweg), Galaxienweg zusätzlich circa 5 km (Hin- und Rückweg), Gehzeit: circa 15 Minuten zur Aussichtsplattform, mit Galaxienweg knapp 2 Stunden, Schwierigkeitsgrad: mittel

Die meisten Eifelwanderer haben es schon einmal von Weitem gesehen: das weiße Radioteleskop, das so gar nicht in die Landschaft passen will. Direkt neben dem kleinen Örtchen Effelsberg ragt das riesige, runde Ding aus einer Talmulde heraus. Seit 1972 kommen Wissenschaftler des Max-Planck-Instituts mit seiner Hilfe an diesem recht abgelegenen Flecken den Geheimnissen des Weltalls auf die Spur.

Rund um den Koloss von Effelsberg führen drei astronomische Wanderwege, die den Besuchern die unglaublichen Weiten des Weltalls näher bringen. Jede der Strecken bildet eine Entfernung im Weltall in einem extrem verkleinerten Maßstab ab. Außerdem sind alle Wegesränder mit Schautafeln gesäumt, die über Planeten, Sternhaufen und Co. Auskunft geben.

Der neue Galaxienwanderweg führt am Radioteleskop Effelsberg vorbei.

Direkt am Parkplatz beginnt der **Planetenweg**. Dieser stellt unser Sonnensystem auf knapp 800 Metern Länge dar – im Maßstab 1:7,7 Milliarden. 77000 Kilometer Universum schrumpfen so auf einen Zentimeter zusammen. Los geht's mit einer Infotafel über Pluto, gefolgt von Neptun, Uranus, Saturn, Jupiter, Mars, Erde, Venus und Merkur. Entlang dieser Stationen spaziert man auf einer Asphaltstraße an Wiesen und Bäumen vorbei bergab, bis der Planetenweg am Besucherpavillon mit seiner letzten Station endet: der Sonne, unserem Heimatstern. Und ab hier sind wir ziemlich allein. Der nächste Nachbarstern ist Alpha Centauri. Würde man in diesem Maßstab weiterlaufen, stünde seine Schautafel in Halifax/Neuschottland. Nun sind es nur noch 150 Meter bis hinunter zur **Aussichtsplattform**, vor der sich das gewaltige Teleskop während der Messung ganz langsam dreht. Es hat eine Oberfläche von mehr als 9000 Quadratmetern, wiegt 3200 Tonnen und ist das zweitgrößte bewegliche Radioteleskop der Welt. Rund um die Uhr lauscht das Hightech-Wunderwerk nach Signalen aus dem Kosmos, genauer gesagt nach Radiowellen.

Auf den Höhen der Eifel suchen Forscher nach den Anfängen von Zeit und Raum.

113

Nur 500 Meter weit entfernt: die Andromeda-Galaxie

Doch was sind Radiowellen eigentlich? Hier hilft ein Blick zurück. Im Jahr 1931 fragte sich der US-Ingenieur Karl Jansky, warum Telefongespräche über den Atlantik von Störgeräuschen begleitet werden. Er baute eine riesige Antenne, fand heraus, dass Gewitter die Hauptursache sind, und machte nebenbei eine noch größere Entdeckung. Er stöberte weitere, rätselhafte Signale auf, die er zunächst nicht einordnen konnte. Doch dann wurde ihm klar: Es handelte sich um ein Konzert aus der Milchstraße. Das war die Geburtsstunde der Radioastronomie.

Denn tatsächlich kommt nicht nur sichtbares Licht aus dem All. Manche Himmelsobjekte senden auch Radio-wellen aus, wie sie von Radios oder Fernsehern empfangen werden. Diese gehören wie Mikrowellen oder Rönt-genstrahlen zu den elektromagnetischen Wellen und sind quasi so etwas wie Licht bei anderer Wellenlänge. Dabei kommen sie weniger von den heißen Sternen selbst (wie das Licht) als vielmehr von dem kühleren Material dazwischen, zum Beispiel aus Gaswolken, in denen Sterne entstehen. Mit Lichtgeschwindigkeit flitzen sie durchs All, und wenn sie in die Nähe unseres blauen Planeten gelangen, kann das Teleskop dank spezieller Verstärker und Übertragungsinstrumente dieses kosmische „Radioprogramm" aus dem eigentlich stillen Universum empfangen. Dadurch lassen sich Rückschlüsse auf die Entwicklung des Weltalls ziehen. Denn die Radiowellen sind schon uralt, wenn sie bei uns ankommen. So konnten die Astrophysiker am Radio-Observatorium Effelsberg zum Beispiel die Überreste eines explodierten Sterns in unserer Milchstraße orten, dessen Signale die Eifel jedoch erst 6000 Jahre später erreichten. Auch haben die Forscher einmal Wasser entdeckt, das 11,1 Milliarden Lichtjahre von uns entfernt ist – und so einen Blick in die Zeit werfen können, als es unsere Erde noch nicht einmal gab. Zu den Klassikern gehören außerdem die Aufzeichnungen vom ewigen Grundrauschen im Weltall, das von Wissenschaftlern als „Echo" des Urknalls gedeutet wird.

Am stählernen Fuß des Radioteleskops

Wer noch weiter laufen möchte, kann den neuen, 2,6 Kilometer langen **Galaxienweg** erwandern. Dieser bringt uns in einem noch extremeren Maßstab von 1:50 Trilliarden quasi von der Erde bis zum Rand des bekannten Universums. Hierzu folgen wir zunächst dem „Milchstraßenweg", der von der Aussichtsplattform steil bergab weiterführt. Im Talgrund geht es nach rechts und bald finden wir uns in einer feuchten Auenlandschaft wieder, von der aus man noch einmal einen spektakulären Blick auf die beeindruckende Schüssel werfen kann. Das „große Ohr" liegt übrigens in einem Tal, damit seine Superantenne so gut wie möglich vor Störstrahlung, wie sie zum Beispiel durch Handys oder Flugzeugradar entsteht, geschützt wird. Denn die künstlichen Radiowellen, die wir auf der Erde erzeugen, sind millionen- bis milliardenfach stärker als die Strahlung von „outer space".

Die Grillhütte am Ende des Universums

Wir überqueren die Aue (wobei wir dem weißen Schild mit dem aufgezeichneten Radioteleskop folgen) und schlendern weiter nach links am Effelsberger Bach entlang. Dort, wo der Milchstraßenweg in einer Kurve nach rechts biegt,

geht es für uns nach links, noch knapp 100 Meter weiter. Hier, rund 600 Meter von der Aussichtsplattform entfernt, steht man fast direkt unter dem Radioteleskop. Und an dieser Stelle beginnt dann auch der Galaxienweg, dessen erste Tafel sich der Milchstraße widmet. Einen halben Meter weiter befindet sich schon die Andromedagalaxie. Die Route führt uns in ihrem Verlauf in millionenfacher Lichtgeschwindigkeit recht steil bergan auf die Ebene. Man wandert an insgesamt 14 Schautafeln entlang, über die Hochfläche, vorbei an der **Kapelle Seeligen** – die einen Besuch lohnt – bis wir 100 Meter weiter die „Grillhütte am Ende des Universums" (Martinshütte) erreicht haben, wo der Galaxienweg endet. Nun befinden wir uns in einer fernen Galaxie, deren Licht uns auf der Erde erst nach fast 13 Milliarden Jahren „Reisezeit" erreicht. Nur 170 Meter dahinter käme man zum Urknall – und damit zum Beginn unseres Universums.

Der Weg zurück zum Parkplatz kann etwas variiert werden. Zunächst führt er wieder zur Kapelle Seeligen. Auf dem befestigten Wirtschaftsweg vor ihr halten wir uns geradeaus/halblinks auf der Höhe, passieren die drei Park-

Ort der Besinnlichkeit: die Kapelle Seeligen

plätze der Kapelle und marschieren noch 100 Meter geradeaus auf dem Wirtschaftsweg weiter. Rechts von uns liegen nun Kuhweiden und wir genießen den schönen Fernblick. 100 Meter nach der Kapelle biegen wir links ab in den Wald hinein und gehen bergab. Hier orientieren wir uns an dem kleinen grünen Schild „Radioteleskop 0,8 km, Binzenbach, Weg Nr. 6 und Nr. 7". Nach 300 Metern geht's an einer Kreuzung rechts ab und wir folgen dem Schild „Teleskop-Blick 200 m". Bald stoßen wir nun auf die Infotafel „Milchstraßenweg". Blätterwerk verdeckt den Blick noch lange, man erahnt das Radioteleskop nur. Nach rund 15 Minuten und einem Kilometer ist man wieder am Teleskop angekommen und hat erneut die gewaltige weiße Stahl- und Schüsselkonstruktion über sich.

Anfahrt:

Nach Wachendorf: A 1 bis Ausfahrt Bad Münstereifel/Mechernich, rechts ab Richtung Bad Münstereifel, dann erste Möglichkeit links auf die L 499 Richtung Weiler am Berg. Immer geradeaus bis Lessenich, dort rechts ab Richtung Wachendorf. Hier der Ausschilderung zum Parkplatz „Bruder-Klaus-Kapelle" folgen.

ÖPNV: Mit der Bahn bis Mechernich, von dort „TaxiBusPlus"-Linie 809 nach Wachendorf (muss 30 Min. vor Abfahrt unter Tel. 01804/151515 bestellt werden, weitere Infos unter **www.vrs.de**)

Nach Effelsberg: Von Wachendorf weiter bis Iversheim, rechts abbiegen auf die B 51 bis Bad Münstereifel. Dort links ab auf die Schleidtalstraße (L 234) und dieser bis nach Effelsberg folgen. Der Parkplatz ist ausgeschildert.

ÖPNV: Vom Bahnhof Bad Münstereifel mit „TaxiBusPlus"-Linie 828 nach Effelsberg (muss 30 Min. vor Abfahrt unter Tel. 01804/151515 bestellt werden, weitere Infos unter **www.vrs.de**)

Adressen und Hinweise:

• Die Bruder-Klaus-Kapelle ist geöffnet Di.–So. 10–17 Uhr (im Winter bis 16 Uhr), montags geschlossen. Besucher, die „nur" aus architektonischem Interesse kommen, sollten berücksichtigen, dass die Kapelle zuallererst ein Ort der Stille und des Gebetes ist. Mehr Informationen und Bilder unter **www.feldkapelle.de**.

• Max-Planck-Institut für Radioastronomie, Radio-Observatorium Effelsberg, Max-Planck-Straße 28, 53902 Bad Münstereifel, Tel. 02257/301-101, **www.mpifr-bonn.mpg.de/public**
Eine Besichtigung des Radioteleskops ist nicht möglich. Von April bis Oktober werden aber im Besucherpavillon von dienstags bis samstags jeweils um 10, 11, 13, 14, 15 und 16 Uhr Informationsvorträge für Gruppen von 10 bis 80 Personen gehalten. Eine rechtzeitige Anmeldung wird empfohlen. Kleinere Gruppen und einzelne Besucher können sich den angemeldeten Gruppen spontan anschließen.

• Der dritte astronomische Wanderweg, der „Milchstraßenweg", schlängelt sich von Burgsahr, einem Ortsteil der Gemeinde Kirchsahr, über Binzenbach zum Besucherpavillon. Er ist rund vier Kilometer lang und – wie die beiden anderen Wege – kein Rundweg.

• Auskunft über Arbeit und Erkenntnisse der Wissenschaftler am Radio-Observatorium Effelsberg gibt auch eine knapp 20-minütige DVD, die sich seitlich unterhalb des Pavillons jederzeit per Knopfdruck starten lässt.

Einkehren:

Imbiss am Radioteleskop, Max-Planck-Str. 10, 53902 Bad Münstereifel, Effelsberg, Tel. 02257/7261. Geöffnet: April–Ende Oktober täglich 9.30–19 Uhr.

10

Arkadien liegt am Niederrhein

Insel Hombroich und Langen Foundation

Vor den Toren Düsseldorfs erwartet Sie eine traumhaft schöne Auenlandschaft, in der Natur und Kunst verschmelzen: die Museumsinsel Hombroich. Dort kann man in begehbaren Skulpturen Kunstwerke aus zwei Jahrtausenden bestaunen, wobei das Laub durch offene Türen weht. Lustwandeln Sie mit uns durch dieses kleine Paradies, in dem es schon seit etwa 100 Jahren ein wenig anders zugeht als im Rest der Welt. Wir haben für Sie einen Rundweg zusammengestellt, der zu ausgesuchten Plätzen führt.

Spaziergang über die Museumsinsel Hombroich

Länge: je nach Wegstrecke 3 bis 4 km (Hin- und Rückweg), Schlenderzeit: rund 2 Stunden (aber man kann auch gut und gerne einen ganzen Tag verweilen), Schwierigkeitsgrad: einfach

Der Weg zur Museumsinsel erinnert ein wenig an „Alice im Wunderland". Er führt zunächst durchs oft nebelverhangene Kappesland bei Grevenbroich-Kapellen. Dann erreicht man einen gesichtslosen Parkplatz, wird durchs Kassenhäuschen geschleust und folgt einem Kiesweg, der zwischen niedrigen Bäumen verläuft. Ein paar Meter weiter bringt uns eine lange Treppe nach unten, in die Aue. Dort angekommen, findet der Besucher sich inmitten einer Landschaft wieder, so lieblich, wie man sie fast nur aus Träumen kennt. Schilfumkränzte Teiche säumen den Wegesrand, weit schweift der Blick über bunte Wiesen und Trauerweiden. Nach wenigen Minuten taucht das erste Gebäude auf: der **Turm** (2; Nummerierung entsprechend der Übersichtskarte, die man am Eingang erhält). Die Tür steht weit auf, innen herrscht weiße Leere. Zehn dieser begehbaren Skulpturen sind insgesamt über die Museumsinsel Hombroich verstreut. Sie alle wurden von Erwin Heerich gebaut, der kein Architekt, sondern Bildhauer war.

Als Nächstes verlieren wir uns im **Labyrinth** (3). In einer Vitrine begegnet dem Ausflügler ein Elch, der aus grauer Vorzeit zu stammen scheint. Um die Ecke schaut eine afrikanische Figur grimmig von der Wand herab. Dazwischen moderne Gemälde. Doch nirgends ist ein Schild zu entdecken. So erfährt man weder, aus welcher Zeit die Ausstellungsstücke stammen, noch wer sie geschaffen hat. Kein Zufall: Die Besucher sollen frei entscheiden, was ihnen gefällt. So wollte es der Gründer der Museumsin-

Links: Symbiose von Kunst und Natur – auf der Museumsinsel Hombroich (Anatol Herzfeld)

sel: der Düsseldorfer Immobilienmakler Karl-Heinrich Müller, alias „Immo-Müller". Dieser war auch ein begeisterter Kunstsammler und sauste auf der Suche nach immer neuen Raritäten um die ganze Welt. Dabei trug er so viel zusammen, dass er irgendwann keinen Platz mehr für seine ganzen Schätze hatte. Die Kunstwerke stapelten sich in seinem Büro, unter seinem Bett. 1982 stieß er dann zufällig auf dieses Fleckchen Erde.

Allerdings sah der Landstrich vor knapp 30 Jahren ganz anders aus als heute: völlig verwildert, alles lag brach. Kaum eine Spur mehr von der üppigen Bauernlandschaft mit Weiden, Höfen und Obstbäumen, die es Jahrhunderte zuvor hier einmal gegeben hatte. Mittendrin aber stand eine rosarote Villa, ebenfalls halb zugewachsen. Diese hatte sich 1816 der reiche Wuppertaler Kaufmann Peter de Weerth errichten lassen, als eine Art hochherrschaftliches Ferienhaus. Kein Geringerer als der berühmte Gartenkünstler Peter Joseph Lenné legte damals um sie herum einen englischen Landschaftspark an. Rund 100 Jahre später wurde der Kölner Bankierssohn Wilhelm Lensing neuer Eigentümer des Landsitzes – und er war es, der dieser Gegend ihren Ruf als geheimnisvolle Welt einbrachte.

Anatols Welt: Der Künstler Anatol Herzfeld hat auf Hombroich sein Atelier.

Denn der Exzentriker hängte gerne einmal Kronleuchter in die Bäume oder ließ in Restaurants Hombroicher Waldveilchen zu Salaten anrichten.

Der perfekte Ort also für Müllers Utopia! Kurzentschlossen kaufte er die 25 Hektar große Erftaue und verwandelte sie in die Museumsinsel Hombroich. Dabei half ihm der Landschaftsarchitekt Bernhard Korte, der die versunkene Landschaft wieder auferstehen ließ – und sie wurde schöner, als sie jemals gewesen war. So legte Korte beispielsweise einen uralten, verschütteten Flussarm frei, den er auf Luftbildern entdeckt hatte und der hier vor 10 000 Jahren geflossen war. Alte Pflanzensamen, die er bei Bodenproben zu Tage förderte, besorgte er neu und säte sie wieder ein.

Bald zog auch der erste Künstler ein: Anatol Herzfeld. 40 Jahre hatte er als Polizist in Düsseldorf gearbeitet und neben seinem Dienst bei Joseph Beuys an der Kunstakademie studiert. Mittlerweile arbeitet der Meisterschüler schon seit über 25 Jahren auf „der Insel", wie Hombroich von den Eingeweihten genannt wird. Seine Welt ist unsere nächste Station. Man erreicht sie über den nordwestlichen Ausgang des Labyrinths. Wir überqueren ein Brückchen

Seit über 25 Jahren arbeitet Beuys-Schüler Anatol schon auf „der Insel".

123

und kommen bald an dem ersten Wächter vorbei. Viele dieser großen Eisenkerle hat der gelernte Schmied Anatol geschaffen. Sie sollen das Schöne und Wertvolle der Schöpfung bewahren. Dann finden wir uns vor **Anatols Haus** (4) wieder. Der Bildhauer und Maler ist oft da und plaudert gerne mit den Besuchern. „Ich habe das Haus so gebaut, wie es in meiner Heimat ausgesehen hat, in Ostpreußen, Masuren", erzählt er auch uns. Davor eröffnet sich ein Blick in seine Werkstatt, die er „Arbeitszeit" nennt und in der er seine Figurenwelt erarbeitet. Wir sehen ein Kreuz aus Metall mit einer Dornenkrone aus Stacheldraht, einen Golem aus Eisen, Findlinge mit Gesichtern. Wer genau hinschaut, entdeckt an den Werken immer wieder dieselben Symbole: Kreuzblumen, Fische und Schmetterlinge. Die Kreuzblume steht für die Kraft des Lebens, der Fisch für Jesus, der Schmetterling erzählt vom ewigen Kreislauf.

Geburt, Erde, Vergänglichkeit: die Symbole von Anatols steinerner Kirche

Neben Anatols Haus liegt sein „Garten im Garten", in dem ein großer **Steinkreis** ins Auge fällt. „Hier sitzen die Leute gern, vor allem Mütter mit Kindern zieht es her. Das ist wie ein alter Lagerplatz", erklärt der Künstler noch. Wir schauen auf den Himmel, der sich wie ein Tuch über

Hier wird die Tür zum Rahmen, die Außenwelt zum Kunstwerk.

Hombroich spannt, ziehen weiter, nach rechts durch das große Tor und kommen jetzt an einem weiteren Steinkreis mit archaischen Ritzzeichnungen vorbei. Gegenüber sehen wir Anatols „Parlament", einen Kreis aus zwölf Eisenstühlen.

Und weiter geht es durch diesen Garten der Kunst. Als Nächstes erreichen wir das **Kutscherhaus** (10), das Lensing im Jahr 1906 errichten ließ. In ihm hatte Erwin Heerich sein Atelier und Müller seine „Inselwohnung". Nachdem wir auch die **Hohe Galerie** (5) durchschritten haben, überqueren wir auf einem Brückchen die Erft und wenden uns nach rechts. Hier betreten wir das Herz von Hombroich: die historische Erftinsel. Auf ihr steht die rosa Villa inmitten des alten Parks. Und in diesem hat Karl-Heinrich Müller mit seinen antiken Kunstsouvenirs aus Fernost mehrere magische Plätze geschaffen.

Der erste dieser zauberhaften Orte ist der Hortensiengarten, der Teil der früheren Parkanlage ist. Doch zwischen dem üppigen Grün schaut nun eine tausend Jahre alte Khmer-Skulptur über die Blumen. An einem schwülen Sommertag hat man fast den Eindruck, in einem kambodschanischen Regenwald zu stehen. Ein paar Meter weiter kommen wir am nächsten Plätzchen vorbei: eine versteckte Nische mit asiatischen Skulpturen, die im Lauf der Zeit in das Wäldchen eingewachsen sind.

Dann passieren wir die spinnennetzumwebte **Dichterklause** (9). In ihr schmiedete der rheinische Mundartdichter Ludwig Soumagne Ende des letzten Jahrhunderts seine Verse. Nach seinem Tod ist nichts verändert worden und schaut man durchs Fenster, sieht man noch die Packung Lucky Strike auf dem Schreibtisch liegen. Anschließend streifen wir das **Rosa Haus** (8). Als Karl-Heinrich Müller die Insel damals kaufte, standen vor der Eingangstür überwucherte Luxuskarossen: ein alter Duesenberg, zwei große Mercedes, ein Achtzylinder-Horch. Heute beherbergt das einstige Herrenhaus das Literatur- und Kunstinstitut von Dr. Volker Kahmen. Zu seinen Schätzen gehören Bilder von René Magritte, Erstausgaben von Goethe, Hand-

Naturge-
mälde am
Rosa Haus

schriften von Kafka und Zeichnungen von Alberto Gia-
cometti. Neben dem alten Landsitz liegt stilecht ein nos-
talgischer Seepavillon – ein angenehmer Platz für eine
Rast. Hier kann man auf den stillen See schauen und seine
Gedanken treiben lassen. Am Ufer reckt sich eine Sumpf-
zypresse in die Höhe, deren Atemknie aus dem Wasser
herausschauen. Sie ist wie viele der vor rund 200 Jahren
gepflanzten Bäume längst zu einem stattlichen Exemplar
herangewachsen. Weiter geht es am See entlang. Wir streifen erneut den Hortensiengarten und haben nun einen
besonders schönen Blick auf die Khmer-Figur. Am Ufer
wächst hoher Bambus. Anschließend kommen wir an einem Pavillon vorbei, in dem ein Buddha meditiert, überragt von einer siebenköpfigen Kobra.

Dann sind wir wieder beim Brückchen angelangt, aber
Achtung: Wir überqueren es nicht, sondern spazieren weiter geradeaus. Denn jetzt gilt es, einen besonders magi-
schen Ort zu finden, der nicht auf der Übersichtskarte
eingezeichnet ist. Weiter geht es am Bachufer entlang.
Ziemlich versteckt führt nach rund 100 Metern ein kleiner Weg links einen Hang hinauf. Wir entdecken steinerne Stufen, die uns zwischen dichten Hecken auf einen

Exot am
Niederrhein:
Elefantengott
tief versteckt
im Dschun-
gel der Insel

kleinen Platz entführen. Zwei heilige Stiere bewachen den Eingang. Auf dem Mini-Plateau sitzt eine Statue des hinduistischen Elefantengottes Ganesha, in der Mitte steht ein Fruchtbarkeitssymbol. Ein wunderbar abgeschiedener Flecken inmitten des Dschungels von Hombroich, an dem Sie ein wenig verweilen sollten. Danach geht es weiter zum **Graubner Pavillon** (6). Diesen hat Erwin Heerich für den Düsseldorfer Maler Gotthard Graubner entworfen, der ihn ausschmücken sollte, so dass man sich in der Malerei bewegen kann. Graubner ist bislang nicht dazu gekommen, hat es aber noch vor … Was man aber jetzt schon darin tun kann, ist singen, denn das Gebäude besitzt eine ganz ausgezeichnete Akustik. Nun schauen wir noch in der **Orangerie** (7) vorbei, die übrigens der älteste Pavillon ist. In ihr blicken sieben große Köpfe aus der kambodschanischen Ruinenstadt Angkor Thom durch die Fenster ins niederrheinische Grün. Anschließend verlassen wir den alten Park über das Brückchen. Auf Hungrige wartet die Cafeteria, wo sich die Gäste kostenfrei an Kaffee, Tee, Schmalzbroten, Pellkartoffeln und hartgekochten Eiern stärken können.

Innen und außen, verbunden durch die Formen der Geometrie

Wer mag, zieht weiter, zum Beispiel zur **Schnecke** (15), in der die Wand selbst zum Kunstwerk wird. Viele der ausgestellten Zeichnungen, Aquarelle und Radierungen begegnen uns nicht auf Augenhöhe, sondern sind sehr niedrig angebracht. Denn auch die Hängung ist Teil der Kunst. Sie stammt von Gotthard Graubner, der die Kunstwerke so verteilt hat, wie es ihm vom ästhetischen Gesichtspunkt her richtig erschien. Wer sich ausruhen möchte, findet vor dem Gebäude drei große Quader, auf denen man es sich bequem machen und den Blick über die Insel schweifen lassen kann.

Doch all dies ist nur ein Ausschnitt. Auf dem weitläufigen Gelände lässt sich noch viel mehr entdecken, nicht zuletzt, weil Hombroich ein reines Tageslichtmuseum ist. Die Gemälde und Skulpturen bekommen im Lauf des Tages immer wieder andere Facetten, je nachdem ob gerade eine Wolke vorbeizieht oder sich der Stand der Sonne ändert. Und so muss man eigentlich nur abwarten – dann findet auf der Insel Hombroich jeder „seinen Ort".

In der Orangerie kann man Khmer-Skulpturen aus Angkor Thom bestaunen.

Abstecher Langen Foundation und Raketenstation Hombroich

Ganz in der Nähe liegt die „Langen Foundation", die von dem Industriellenehepaar Marianne und Viktor Langen – beide enthusiastische Kunstsammler – gegründet wurde. Wer sie besucht, erlebt eine weitere große Überraschung. Denn folgt man dem geteerten Feldweg, findet man sich zunächst „in the middle of nowhere" wieder – zwischen Autobahn, Überlandleitungen und endlosen Äckern, über die aus der Ferne traurige Wohnsilos schauen. Doch plötzlich ragt eine 15 Meter hohe Betonskulptur auf. Sie markiert den Eingang zu einem **hypermodernen Kunst- und Ausstellungshaus**, das aussieht, als sei es aus New York oder Tokio hierher gebeamt worden. Und in gewissem Sinne stimmt das sogar. Der japanische Stararchitekt Tadao Ando hat das Gebäude entworfen: geradlinig, puristisch, kompromisslos ästhetisch. Es ist nur ein Schritt vom Feldweg aufs Museumsgelände – und doch ein Schritt in eine andere Welt.

Die Langen Foundation, ein Kunsttempel im Niemandsland

Neben einem akkurat geschnittenen Rasen führt ein heller Pfad auf einen weiten Betonbogen zu, in den ein Portal eingelassen ist, Kirschbäume säumen den Wegesrand. Ein großer Teich blinkt auf, an dessen Ende sich die gläserne Front des Museums spiegelt. Innen herrscht die leicht unterkühlte Atmosphäre einer Großstadt. Die Wände sind aus Beton, glatt wie Seide. Wir folgen einer Rampe, die sich im 45-Grad-Winkel nach unten senkt, das Museum gräbt sich wie ein Wurm in die Erde. Dann stehen wir auf der Empore und schauen in einen riesigen Ausstellungsraum, der sich unter uns erstreckt. Auf langgestreckten Treppen gleitet man hinab. Wechselnde Werke von renommierten Künstlern der Moderne und der Gegenwartskunst hängen an den Wänden. In der Mitte erhebt sich eine „Grand Stair", die aus der Tiefe wieder nach oben führt – zurück ins rheinische Niemandsland.

Das Museum ist umgeben von grasbewachsenen Splitterschutzwällen. Sie gehören zu einem **ehemaligen Nato-Stützpunkt**, auf dem sich eine Abschussbasis befand. Hier warteten Nike- und Pershing-Raketen in Startstellung darauf, dass jemand den roten Knopf drückte. Und wieder war es Karl-Heinrich Müller, der dieses Stück Land und

Früher ein Bollwerk des Kalten Krieges, heute ein Ort der Kunst: die Raketen-station

Geschichte gekauft – und für die Kunst reserviert hat. Auf der anderen Seite des Walls stehen auch heute noch Hangars, militärische Wellblechbaracken und Raketenlagerhallen. Doch darin sind längst Ateliers und Werkstätten untergebracht. Wer noch genug Energie besitzt, schließt den Tag mit einem Rundgang über die Raketenstation ab. Auf dem Areal kann man weitere Bauten von Erwin Heerich sowie spektakuläre Gebäude internationaler Architekten bestaunen. Der Zugang liegt hinter dem Parkplatz, bewacht vom alten Eingangshäuschen und überragt vom markanten Beobachtungsturm.

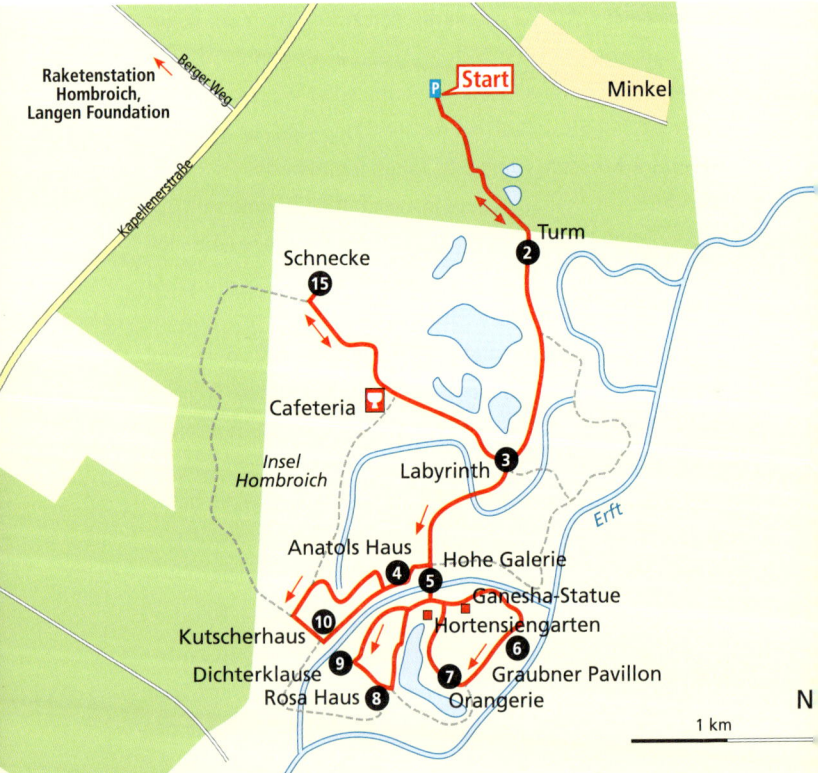

Anfahrt:

Zur Museumsinsel Hombroich: A 57 bis Neuss-Reuschenberg oder A 46 bis Grevenbroich-Kapellen, dann jeweils den braunen Schildern mit der Aufschrift „Museum Insel Hombroich" folgen.

ÖPNV: Bus Nr. 869 oder 877 ab Neuss Süd in Richtung Grevenbroich bis Haltestelle Insel Hombroich.

Zur Langen Foundation: Vom Parkplatz der Museumsinsel aus links auf die L 201 einbiegen und den braunen Schildern mit der Aufschrift „Raketenstation Hombroich" folgen.

ÖPNV: Siehe Anfahrt Museumsinsel Hombroich, von dort zu Fuß zur Langen Foundation/Raketenstation, ca. 15 Min. An der Kasse der Museumsinsel liegt eine Wegbeschreibung aus.

Adressen und Hinweise:

• Stiftung Insel Hombroich, Minkel 2, 41472 Neuss-Holzheim, Tel. 02182/2094, **www.inselhombroich.de**. Geöffnet: täglich, Apr. bis Sept. 10–19 Uhr, Okt. 10–18 Uhr, Nov. bis März 10–17 Uhr. Die Besucher können in den Sommermonaten – nach Schließung der Gebäude – bis 21 Uhr im Parkgelände bleiben.

• Langen Foundation, Raketenstation Hombroich 1, 41472 Neuss, Tel. 02182/5701-0, **www.langenfoundation.de**. Geöffnet: täglich 10–18 Uhr. In der Langen Foundation finden zwei bis drei Ausstellungen im Jahr statt, darunter auch Präsentationen aus der Sammlung Viktor und Marianne Langen.

• Tipp: Schaut man in den Katalog zur Museumsinsel, der von allen nur „Das Inselbuch" genannt wird, erfährt man dann doch Genaueres zu den Ausstellungsstücken. Der erwähnte Elch stammt übrigens aus Amlasch, dem heutigen Iran, und ist rund 3 000 Jahre alt. Die afrikanische Figur ist ein Bateke-Fetisch aus dem Kongo.

• Auf Anfrage und nach vorheriger Anmeldung kann man mit Glück eine Führung durch das Literatur- und Kunstinstitut Dr. Volker Kahmen bekommen.

• An jedem ersten Sonntag im Monat finden öffentliche Führungen über die Museumsinsel, die Raketenstation und durch die Langen Foundation statt, genauere Infos auf der Internetseite der Museumsinsel.

Einkehren:

In der Cafeteria der Museumsinsel Hombroich.

Karten:

An der Kasse der Museumsinsel erhält man eine Übersichtskarte, auf der alle Pavillons mit Nummern versehen eingezeichnet sind.

Auf den Spuren des Werwolfs

Bedburg und Alt-Kaster

Es gibt unzählige Wanderstrecken in Deutschland, aber nur einen Werwolf-Wanderweg. Und der liegt ganz in der Nähe der Städte Köln und Düsseldorf: in Bedburg. Dort fand der wohl bekannteste Werwolfprozess der ganzen Kriminalgeschichte statt. Unsere Wanderung führt Sie zu den Originalschauplätzen – durch das rekultivierte Braunkohlegebiet in ein dunkles Jahrhundert. Und obwohl hier manches zum Gruseln ist, hält diese Tour doch auch viele mußevolle Augenblicke in der Natur und einem romantischen alten Städtchen bereit.

Wanderung rund um Kaster und Bedburg

Länge: rund 10 km (Abkürzung möglich),
Gehzeit: 3 Stunden, Schwierigkeitsgrad: einfach

Um 1580 war's, da versetzte eine unheimliche Mordserie die Bewohner des heutigen Rhein-Erft-Kreises in Angst und Schrecken. Die Identität des Täters kam nie ans Tageslicht. Aber man hatte bald einen Verdächtigen: einen Werwolf. Nichts Unübliches für diese Gegend, in der es zu jener Zeit viele Geschichten über die sogenannten Mannwölfe gab. Vielleicht weil der dichte, dunkle Wald und die morastigen Flussniederungen der Erft die Phantasie anregten, vielleicht weil damals wirklich noch Wölfe durch Feld und Flur strichen. Wer auf einem einsamen Weg verunglückte, konnte den hungrigen Tieren leicht zur Beute fallen – und sah danach entsprechend zugerichtet aus. Hinzu kommt, dass die schaurigen Mären zu jener Zeit gerade ihren Höhepunkt erreichten. Im Zuge des Hexenwahns wurden zahlreiche Männer bezichtigt, sich bei Vollmond zu verwandeln.

Um den zotteligen Unhold zu fangen, formierte sich in Bedburg alsbald eine Bürgerwehr, die mit Hunden das Sumpfland durchstreifte. Aber der haarige Bursche war offenbar listiger und soll letztendlich jahrelang sein Unwesen getrieben haben. Im Herbst 1589 ging er den Häschern dann scheinbar doch ins Netz: Man verhaftete den freien Bauern Peter Stubbe wegen Werwolferei. Der Fall erregte internationales Aufsehen, bis nach London erzählte man sich die Geschichte des „Werwolfs von Epprath". Wer seinen Spuren folgen will, startet die Gruselwanderung am Parkplatz in Kaster.

Von hier aus folgen wir unserer Anfahrtsstraße (Albert-Schweitzer-Straße) weiter in Fahrtrichtung. Bei der ersten

Links: Es begab sich anno 1589 in Bedburg …

Der Werwolf-Wanderweg beginnt an der alten Stadtmauer.

Möglichkeit schauen wir rechts um die Ecke und sehen das schmucke Agathator. Wir gehen aber noch nicht hindurch, sondern wenden uns nach links. Hier beginnt der **Werwolf-Wanderweg** und die zugehörige Infotafel erinnert an das Schicksal des wohl berühmtesten Epprather Bürgers. Der Weg wird uns in seinem Verlauf zu einigen historisch verbürgten Originalschauplätzen führen. Seine Markierung, ein schwarzer Kreis, zeigt einen Wolf, der den Mond anheult.

Zunächst spazieren wir durch den Park, an der **alten Stadtmauer** mit den schiefen Rundtürmen entlang und passieren einen Spielplatz. Am Ende der Stadtmauer können Sie einen Blick auf die Burgruine werfen, die rechter Hand auf einer Anhöhe liegt. Sie wurde im 12. Jahrhundert auf einem künstlichen Hügel erbaut und bereits 1511 wieder zerstört. Was blieb, sind ein paar Mauerreste und der Name: Kaster kommt vom lateinischen „Castrum", so lautete im Mittelalter die übliche Bezeichnung für eine Burg.

Wir bleiben weiter geradeaus (!) und marschieren am Zaun entlang. Neben uns fließt die Kasterer Mühlenerft. Nach wenigen Metern kommt man am ehemaligen Klärwerk vorbei. Kurz dahinter tauchen wir in den Wald ein und gehen über ein Brückchen. Wir überqueren einen breiten Querweg und stoßen auf die **Infotafel zur ersten Station**. Diese erläutert die dämonischen Gräueltaten. So soll Peter Stubbe, der um das Jahr 1540 geboren wurde, vom Teufel einen Wolfsfellgürtel bekommen haben, um sich jederzeit in einen Werwolf verwandeln zu können.

An dieser Stelle beginnt auch der Wolfgangstieg, dem wir nun bergan folgen. Bei der nächsten Kreuzung führt eine lange Treppe auf die Kasterer Höhe, die nach dem Ende des Braunkohletagebaus aufgeschüttet wurde. Nach 118 Holzstufen erreicht der Wanderer eine Bank, die einen hübschen Blick zurück bietet. Zu Füßen liegt das Bedburger Land mit seinen Wäldern, Feldern, Kirchtürmen, in der Ferne kann man die riesigen Braunkohlebagger sehen.

Pustende Türme: das Kraftwerk Frimmersdorf

Nach einer kurzen Pause marschieren wir weiter auf das große Feld zu. Hier wenden wir uns nach rechts und sehen die qualmenden Schlote der Kohlekraftwerke von Frimmersdorf und Neurath. Wenige Meter weiter steht ein Findling am Wegesrand. Er erinnert an den Ort Darshoven, der 1967 vom Tagebauunternehmen Rheinbraun nach Bedburg umgesiedelt wurde.

Vom Gedenkstein laufen wir weiter nach links am Waldrand entlang und erreichen nach ein paar Minuten die **zweite Station**. Auf dieser Höhe lag einst das Dörfchen Epprath, in dem das Geburts- und Wohnhaus von Peter Stubbe stand. 20 kleine Häuser gab es hier, alle mit Stroh gedeckt. Der winzige Weiler war übrigens der erste Ort der näheren Umgebung, der umgesiedelt wurde. Bereits

1958 mussten seine Bewohner dem Tagebau weichen. Nachdem die Schaufelradbagger Anfang der 1980er Jahre wieder abgezogen waren, wurde die Landschaft rekultiviert. An der Tafel nehmen wir den Weg nach rechts, der uns leicht bergab führt bis zu einer großen Kreuzung. Hier laufen wir geradeaus und weiter bergab auf dem schmalen Waldweg, bis wir auf einen Teerweg stoßen. Nach einigen Schritten gehen wir links über die Brücke und hinter der Brücke gleich wieder links. Nachdem wir einen Blick auf den Kasterer See geworfen und erneut eine Brücke überquert haben, treffen wir auf die Tafel zur **dritten Station**, welche die Jagd auf den Werwolf beschreibt. Ein Holzkreuz erinnert außerdem an einen Kölner Jungen, der hier 1947 tödlich verunglückt ist.

Rechter Hand geht es weiter, immer geradeaus, bis wir wieder auf einen breiten Querweg treffen. Bei dieser T-Kreuzung weist das Logo des Werwolf-Weges in beide Richtungen – Sie haben die Wahl: Wer nicht mehr nach Bedburg laufen möchte, kann hier abkürzen und rechts nach Alt-Kaster spazieren (dann bitte unter Abstecher bei * weiterlesen).

Wer weiter auf den Spuren des vermeintlichen Werwolfs wandeln will, wendet sich nach links. Bald taucht rechts von uns eine Brücke auf, die wir überqueren. Nun stehen wir vor der **vierten Infotafel**, die über die Verhaftung informiert. Hier soll Peter Stubbe seinen Verfolgern ins Netz gegangen sein. Anschließend folgen wir auf dieser Uferseite dem schmalen Pfad nach links. Es geht an Gärten und Feldern vorbei, immer am Flüsschen entlang. Bald hören wir das Rauschen der Landstraße näher kommen, die wir in Kürze unterqueren. Nun nehmen wir das Brückchen über die Mühlenerft, unterqueren die Eisenbahn und befinden uns fast auf einer Höhe mit dem braunen, kaum fließenden Wasser.

Nach der Unterführung halten wir uns links und bleiben geradeaus, immer an der Mühlenerft entlang. Kurze Zeit später stoßen wir auf die breite Erft. Hier überqueren wir die Mühlenerft abermals über das kleine Brückchen rechter Hand. Dieser Weg führt nach Bedburg. Bei der ersten Brücke überqueren wir die Erft und folgen nun dem Verlauf der Klosterstraße bis zur Kirche. Wir biegen rechts ab und laufen zwischen St. Lambertus und Krankenhaus auf den Marktplatz zu. Der kleine Platz erinnert ein wenig an eine italienische Piazza: Bistro-Cafés, Imbisse und eine Eisdiele laden zu einer Rast jenseits der Gruselwelt ein. Gegenüber, am historischen Rathaus, befindet sich auch schon die **fünfte Infotafel**. Hier wurde Peter Stubbe der Prozess gemacht.

Nun folgen wir rechts dem Verlauf der Friedrich-Wilhelm-Straße, die in die Graf-Salm-Straße übergeht. Nach wenigen Schritten ist ein großer Torbogen erreicht. Wir gehen hindurch und stehen vor **Schloss Bedburg**, einst Sitz der Grafen von Salm-Reifferscheid. Hinter diesen Mauern befand sich früher der Folterkeller, in dem der gefangene Stubbe angesichts der Folterwerkzeuge alles gestand, was man von ihm hören wollte. Durch das schmiedeeiserne Tor spazieren wir in den grünen Schlosspark. Vor dem zweiten Brückchen steht die **sechste Infotafel**.

Anschließend kehren wir um und verlassen den Schlosspark auf dem gleichen Weg. Nun geht es auf der Einkaufsstraße ein paar Meter nach links, dann nehmen wir die nächste Straße rechts, die Arnold-Freund-Straße. Hinter dem Parkplatz der Erftpassage bringt uns eine Holzbrücke auf die andere Uferseite. Rechter Hand marschieren wir nun auf dem Uferweg zurück und stoßen nach einer Weile dort, wo die Hauptstraße über die Brücke führt, wieder auf unseren Hinweg. Auf dem bekannten Weg entlang der Erft laufen wir zurück und überqueren abermals die Mühlenerft auf dem kleinen Brückchen. Vor uns steht nun die **siebte Infotafel**. Sie berichtet über die Hinrichtung, die wahrscheinlich hier auf der Erfthalbinsel stattfand.

Im grünen Park des altehrwürdigen Wasserschlosses

Warum man ausgerechnet auf Bauer Stubbe kam, liegt im Dunkeln. Der Verurteilte war wohl ein Einzelgänger und Sonderling – verhaltensauffällig, wie man heute sagen würde. Vielleicht fand damals aber auch ein inszenierter Schauprozess gegen einen politisch unbequemen Mann statt. Möglicherweise musste der Verurteilte auch für die Morde herhalten, die marodierende Söldnerheere zu seinen Lebzeiten im Zuge kriegerischer Auseinandersetzungen in der Gegend begingen. Auf jeden Fall stieß der Fall auf große Resonanz. Ob die Mordserie nach Stubbes Verhaftung ein Ende hatte, darüber schweigt die Geschichte übrigens …

Wenn wir von der Tafel aus auf die kleine Brücke schauen, marschieren wir nun rechts auf dem bekannten Weg zurück. Wieder unterqueren wir die Eisenbahn, bleiben nun aber auf dieser Uferseite. Wir streifen ein Amphibienschutzgebiet und spazieren entlang eines offenen Feldes. An dessen Ende geht es geradeaus dem Radweg folgend weiter. Nun sind es noch 800 Meter bis nach Alt-Kaster, unserem Abstecher. Bei der nächsten Brücke können Sie links zum Parkplatz abkürzen, das möchten wir Ihnen aber nicht empfehlen. Folgen Sie uns noch bis Alt-Kaster. Es ist wirklich nicht mehr weit, lohnt sich dafür aber umso mehr!

Abstecher nach Alt-Kaster

Um nach Alt-Kaster zu gelangen, laufen wir noch wenige Meter bis zu der bekannten T-Kreuzung, an der das Logo in beide Richtungen weist. Wir gehen nun geradeaus * und biegen nach wenigen Minuten links ab. Durch das romanische Erfttor aus Backstein betreten wir den malerischen Ort, der ein selten geschlossenes altes Stadtbild aufweist und in dem die Regisseurin Margarethe von Trotta

Teile ihrer „Jahrestage" drehte. Viele Häuser stammen noch aus dem 17. Jahrhundert, der Blick fällt auf nostalgische Straßenlaternen, große Hofeinfahrten und historische Wasserpumpen.

Am Eulentor: Beschaulichkeit pur in Alt-Kaster

Kaster war 1955 übrigens die zweitkleinste Stadt der BRD. Dann nahm der Ort einen großen Teil der durch den Braunkohleabbau Umgesiedelten aus den benachbarten Dörfern auf, was seine Einwohnerzahl sprunghaft ansteigen ließ. Um ein Haar wäre er sogar selbst dem Tagebau zum Opfer gefallen, stehen doch auch seine Häuser auf dem „braunen Gold". Doch dank des erbitterten Widerstands der Bürger blieb dieses Kleinod erhalten. Nur der schöne Beiname verschwand mit den Baggern: So kannte man früher Alt-Kaster noch als „Schlossstadt an der Erft", denn ganz in der Nähe befand sich das prachtvolle Wasserschloss Schloss Harff, welches in den 1970er Jahren dem Tagebau weichen musste.

Die Gassen sind schnell erkundet: Man kann beispielsweise rechts in die Kirchstraße einbiegen, dann links in die Eulengasse, vorbei am **Eulentor** von 1370 und der alten Stadtmauer, bis zur Wallstraße. Diese bringt uns linker Hand zur Hauptstraße, die man einmal auf und ab wandeln sollte. Hier stehen besonders schöne Giebelhäuser sowie ein Missionskreuz, das 1852 von den Kölner Lazaristen aufgestellt wurde. Durchs Agathator geht es anschließend zurück zum Parkplatz.

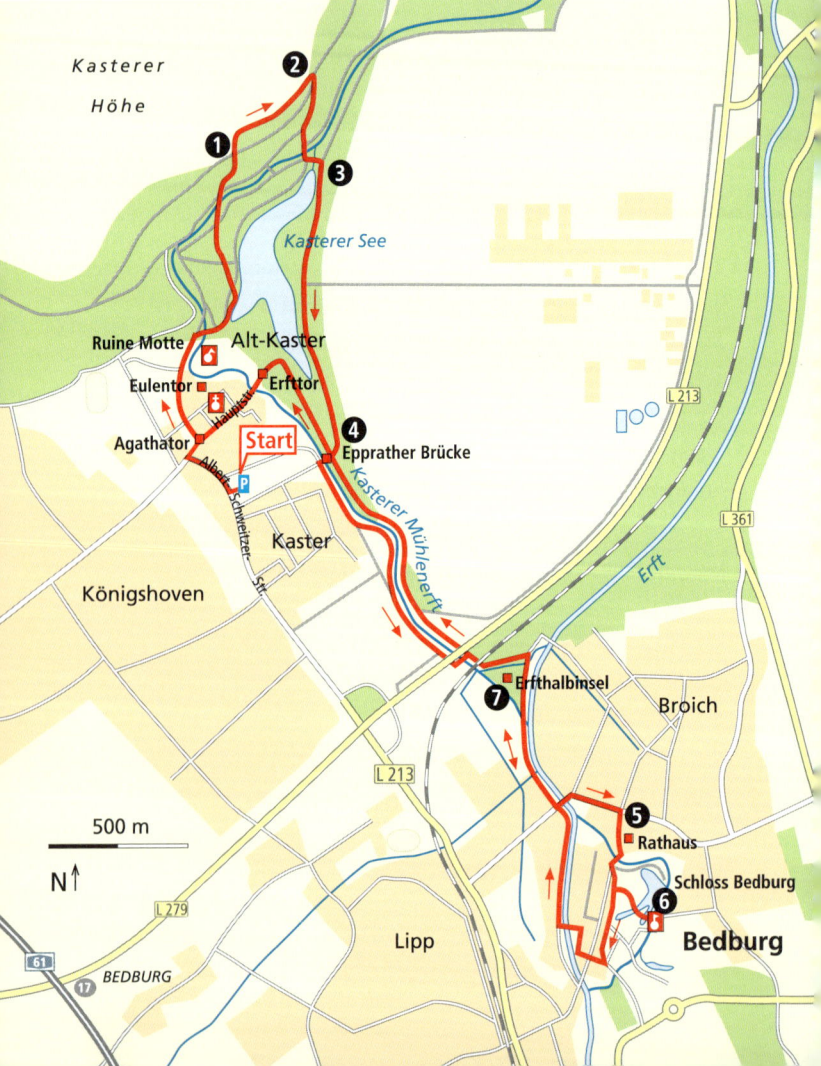

Anfahrt:

A 61, Ausfahrt Bedburg, dann auf der L 279 in Richtung Grevenbroich, Bedburg bzw. Kaster, links abbiegen in die Albert-Schweitzer-Straße. Hinter der Ortseinfahrt von Kaster kommt rechter Hand ein großer Gratis-Parkplatz.
ÖPNV: Zum Beispiel von Köln Hbf. mit Zug oder S-Bahn nach Kerpen-Horrem Bf. oder von Düsseldorf Hbf. mit Zug nach Bedburg Bf., jeweils weiter mit Bus Nr. 975 Richtung Kaster Rathaus, dann wenige Minuten zu Fuß zum Agathator.

Auskunft:

Stadt Bedburg, Am Rathaus 1, 50181 Bedburg, Tel.: 02272/402-122, **www.bedburg.de**

Hinweise:

• Es kann sein, dass auf dem Werwolf-Wanderweg manchmal eine Infotafel oder ein Wegweiser fehlt. Beide werden aber in regelmäßigen Abständen erneuert.
• Jährliche Anziehungspunkte von Alt-Kaster sind u. a. ein Kunsthandwerkermarkt im August und der Nikolausmarkt, siehe **www.alt-kaster.de**

Einkehren:

Pfannkuchenhaus „Zum Alten Rathaus", Hauptstraße 46, 50181 Bedburg, Tel.: 02272/902890, **www.pfanntastisch.de**
Geöffnet: täglich außer Dienstag ab mittags, Nov.–März unter der Woche erst ab 17 Uhr. Tipp: Besonders beliebt sind die Pfannkuchen mit Speck oder Apfel.

Karte:

Bedburg und Bergheim im Naturpark Kottenforst-Ville, Nr. 45, 1:25 000, Landesvermessungsamt Nordrhein-Westfalen

12

Der Ruf der Wildgänse

Bis an die holländische Grenze

Wer als Kind „Nils Holgerssons wunderbare Reise"
gelesen hat, ist sein Leben lang fasziniert von den
„Nomaden der Lüfte". Doch man muss nicht in den
hohen Norden reisen, um ihren Ruf zu hören: ein
Tagesausflug an den Niederrhein tut's auch. An der
niederländischen Grenze schlagen jeden Winter rund
180 000 arktische Wildgänse ihr Quartier auf. Darüber hinaus bietet die Gegend noch mehr: ein Schloss
voller Kunst, gestrandete Auswanderer, ein napoleo-
nisches Denkmal für ein tapferes Mädchen und ein
Dorf wie am Ende der Welt. Da die Region sehr weit-
läufig ist, haben wir diesmal eine Autowanderung
zusammengestellt, kleine Spaziergänge inklusive.

Am eigen-
willig
schönen
Niederrhein

Nachdem wir die Autobahn verlassen haben, begrüßen
uns die sanft hügeligen Ausläufer der „niederrheinischen
Alpen", der sogenannten Sonsbecker Schweiz. Wir bleiben noch eine Weile geradeaus, bis uns der Abzweig nach
Louisendorf von der großen Landstraße entführt. Nun tauchen wir ein in eine schmale Allee, an deren Ende sich wie
aus dem Nichts eine mächtige Kirche erhebt. Sie steht
allein auf einer großen Wiese, umringt von kaum mehr als
einer Reihe Häuser. Krähen flattern um die Giebel und
wenn die Kopfbäume dazu ihre Schatten im fahlen Winter-
licht werfen, kann die Szenerie sogar ein wenig gespenstisch wirken. Überhaupt hat es mit diesem Ort eine besondere Bewandtnis, was an seiner ungewöhnlichen Entste-

Links: Mit etwas Glück kann man im Winter Wildgänse am Himmel ziehen
sehen.

1860 bekam die „Kolonie Louisendorf" ihre eigene Kirche.

hungsgeschichte liegt. Denn Louisendorf wurde von den Nachfahren einer Aussiedlergruppe gegründet, die vor rund 270 Jahren auf ihrem Weg nach Amerika hier am Niederrhein strandete. Und das ist ihre Geschichte:

Im Mai 1741 packten zehn kurpfälzische Familien ihre Koffer. Sie hatten ihre Heimat satt – und zwar aus mehreren Gründen: Sie waren nicht nur arm, sondern auch protestantisch und deswegen bei ihren überwiegend katholischen Nachbarn nicht besonders gut gelitten. Ihr „gelobtes Land" hieß Pennsylvania, das damals vielen religiösen Flüchtlingen Zuflucht bot. In drei großen Schiffen machten sie sich auf den Weg – über den Rhein nach Rotterdam. Doch als sie bei Schenkenschanz vor Anker gingen, wurden sie von den Niederländern gestoppt. Der Grund: Zwischen England und Spanien tobte ein Seekrieg. Daher konnten nicht mehr alle Ausreisewilligen eine Passage nach Amerika ergattern, so dass die holländischen Hafenstädte übervölkert von Möchtegern-Pionieren waren. Als die Kurpfälzer keinen Beweis für ihre geplante Schiffspassage vorzeigen konnten, mussten sie von Bord. Statt in der Neuen Welt siedelten sie bald auf der Gocher Heide, nur rund 250 Kilometer entfernt von ihrer alten Heimat. Die erste Kolonie, die sie gründeten, bekam den

Namen Pfalzdorf. 1820 erhielten die Enkel und Urenkel der Auswanderer, zu denen sich noch weitere gesellt hatten, von König Friedrich Wilhelm III. höchstpersönlich die Erlaubnis, im Eichwald ein zweites Dorf zu gründen: Louisendorf, benannt nach Königin Luise, die sich für die Kolonisten eingesetzt hatte. Wenige Jahre später folgte Neulouisendorf. Heute noch bilden diese drei Orte die „pfälzische Sprachinsel" am Niederrhein. Denn „die Pfälzer", die sich hier abermals von Katholiken umringt sahen, sind ihrer Mundart und einigen alten Bräuchen treu geblieben. Allerdings: Der Ausdruck „Pfälzer" trügt: Gemeint ist die damalige Kurpfalz. So stammten die ersten verhinderten Auswanderer aus Kreuznach an der Nahe und Simmern im Hunsrück.

Wir laufen einmal um die Kirche herum und passieren dabei einige reizvolle Bauernhäuser. Aus der Luft gesehen ist der Kirchplatz rautenförmig, auf alle vier Ecken laufen Straßen zu. Dies ist noch die authentische, alte Dorfstruktur. Dann steigen wir wieder ins Auto, wenden aber nicht, sondern fahren auf der Straße, die wir gekommen sind, weiter geradeaus. Sie bringt uns zu unserem zweiten Ziel: **Schloss Moyland**, das nur rund fünf Kilometer entfernt liegt und gut ausgeschildert ist.

Seit 1997 ein Museum für moderne Kunst: Schloss Moyland

Die ehemalige Wasserburg wurde im 14. Jahrhundert errichtet. Wahrscheinlich brachten die holländischen Arbeiter, die das Feuchtgebiet trockenlegten, den Namen mit: Moyland heißt auf Niederländisch „schönes Land". Heute ist es eine Oase der Kunst. Schon die historische Gartenanlage lädt ein zum Lustwandeln. Der Eingang wird von einem Hirschpaar bewacht. Wir spazieren vorbei an Seiltänzerinnen, Jungfrauen und vielen weiteren Figuren, die Lebensfreude verströmen, wie dem nackten „Mädchen mit Hut" oder dem Gesicht mit dem archaischen Lächeln, das auf einer verschwiegenen Mauer ruht. Im Wassergraben spiegelt sich eine goldene Amphore. Auch gibt es einen Kräutergarten, in dem Heilpflanzen der Hildegard von Bingen wachsen. Und immer wieder kann man einen schönen Blick auf das romantische Schloss erhaschen. Den märchenhaften Anschein bekam das Gemäuer aber erst Mitte des 19. Jahrhunderts, als es ein zweites Gewand erhielt: Der Kölner Dombaumeister Ernst Friedrich Zwirner ummantelte es mit einer weiteren Mauer und gestaltete auch die drei Ecktürme um – und zwar im neugotischen Stil, der zu jener Zeit en vogue war.

Eine Kulisse wie aus einem Märchenfilm

Ins Schloss führt eine Brücke, neben der sich eine Mädchenstatue der Sonne entgegenreckt. Über dem Torbogen sind zwei Ritter zu sehen: Richard Löwenherz und Gottfried von Bouillon. Dahinter erhebt sich eine Treppe, die von vier Hunden flankiert wird. Ganz besonderen Hunden: Der Spitz auf der rechten Seite soll an den Besuch Voltaires erinnern. Der für seine Spitzfindigkeit bekannte französische Philosoph traf sich 1740 in diesem Gemäuer zum ersten Mal mit Friedrich II. Die beiden ach so ungleichen großen Geister standen bis zum Tod des Preußenkönigs 1778 in engem Kontakt. Damals wollten sie eine Wahrheitsmanufaktur auf Moyland einrichten, eine Akademie für Philosophen, wozu es aber nie kam. Der Mops auf der anderen Seite dient dem Andenken an Winston Churchill. Er weilte gegen Ende des Zweiten Weltkriegs ebenfalls im Schloss, und zwar im Zuge der Operation Plunder, welche die Rheinüberquerung der Alliierten zum Ziel hatte. Der britische Premierminister war wohl einer der Letzten, die das Gebäude unversehrt sahen. Noch in den letzten Kriegstagen wurde es verwüstet. Jahrzehntelang war das Schloss dem Verfall preisgegeben und wurde erst ab Ende der 1980er Jahre renoviert.

Im Inneren erwartet uns ein wahrer Bilderrausch: über 60 000 Exponate, dicht an dicht über die Wände verteilt, darunter fast 6 000 Arbeiten von Joseph Beuys – die ehemalige Privatsammlung der Gebrüder van der Grinten. Die beiden Kunstfreunde haben über 50 Jahre lang Bilder, Statuen und Objekte aus dem 19. und 20. Jahrhundert zusammengetragen.

Unser nächstes Ziel heißt **Wardhausen**. Vom Parkplatz geht es zurück zum Kreisel, hier rechts Richtung Kleve und durch Hasselt. Vor Kleve (man sieht die Schwanenburg), biegen wir ab Richtung Kranenburg und fahren gemächlich auf der B 9 bis Rindern. In diesem Vorort von

Kleve verbrachte Joseph Beuys übrigens seine ersten Lebensjahre. Noch in Rindern fahren wir rechts ab Richtung Museum, zur Kirche und an der Kirche vorbei in Richtung Wardhausen. Kurz darauf treffen wir auf die Landstraße. Wir folgen ihr wenige Meter nach links und verlassen sie dann schon wieder nach rechts, weiterhin Richtung Wardhausen. Nun geht es auf der schmalen Straße am alten Spoykanal entlang bis zur Gaststätte „Zum Johanna Sebus Denkmal". Hier stellen wir das Auto ab und spazieren ein paar Meter die Landstraße entlang. Gleich eröffnet sich ein herrlicher Blick auf den Griethausener Altrhein – und mit etwas Glück kann man hier auch schon Wildgänse sehen. Sie lassen sich zwischen Ende Oktober und Ende Februar überall in der Gegend in kleineren oder größeren Trupps auf Wiesen und Weiden nieder.

Unter dem großen Baum auf der anderen Straßenseite befindet sich der Eingang zum **Gedenkstein für Johanna Sebus** aus Brienen. Das 17-jährige Mädchen hatte sich nach einem Dammbruch im Januar des Jahres 1809 in die eisigen Fluten gestürzt, um seine Mutter zu retten. Als sie auch noch ihre Nachbarin und deren Kinder bergen wollte, wurde sie von der Strömung mitgerissen und alle

ertranken. Napoleon selbst soll das monumentale Denkmal in Auftrag gegeben haben, da ihn die Heldentat der
tapferen „Rose von Brienen" so beeindruckte. Auch Goethe war von der Geschichte so angetan, dass er eine Bal-
lade über sie verfasste. Der Platz, der auf einem kleinen
Hügel liegt, umringt von Bänken, lädt zu einem kurzen
Verweilen ein.

Wer mag, nimmt anschließend noch eine Stärkung in der
Gaststätte zu sich, zum Beispiel die Johanna-Sebus-Torte:
eine Preiselbeersahne mit Marzipan und Schokoglasur,
die der Wirt zum 200. Todestag des beherzten Mädchens
kreiert hat. Übrigens: Auch die eingemauerte steinerne Gedenktafel hinter dem Tresen stammt aus napoleonischer
Zeit. Sie befand sich ursprünglich im Haus von Johannas
Mutter, das nach der Tragödie im Auftrag der französi-
schen Regierung wieder aufgebaut worden war.

Anschließend steht die Natur auf dem Programm: Wir
fahren ins **Naturschutzgebiet De Gelderse Poort** (die
Pforte nach Geldern), das sich zwischen Kleve, Nimwegen und Arnheim erstreckt. Weiter geht es auf der Landstraße am Denkmal vorbei und immer am Deich entlang,
bis wir Düffelward erreichen. Achtung: Schon wenige
Meter hinter dem Ortsschild biegen wir rechts ab, über-

Wenn der
Rhein die
Wiesen über-
flutet, wird
Schenken-
schanz regel-
mäßig zur
Insel.

queren den Deich und gelangen zur Fähre, die uns nach **Schenkenschanz** bringt. Vor uns liegt ein schmaler Altrheinarm, der eine gehörige Prise Gemächlichkeit verströmt. Und auch die Fähre, auf die gerade mal eine Handvoll Autos oder Traktoren passen, gehört wohl zu den kleinsten der Welt. In aller Ruhe tuckern wir über den Fluss. Am anderen Ufer fahren wir noch circa 500 Meter geradeaus. Rund um uns herum sind jetzt ganz viele Wiesen und ganz viel Himmel.

Wir stellen das Auto vor dem Ort auf dem Parkplatz ab und durchqueren die gewaltigen Hochwasserschutztore. Dann spazieren wir durch das 100-Seelen-Dorf, in dem die Uhren langsamer laufen. Eine Kirche, eine Gaststätte, ein paar Häuser, das war's. Doch das war nicht immer so. Tatsächlich wurde kein Ort am Niederrhein jahrhundertelang so heiß umkämpft wie dieser weltverlassene Flecken, und zwar gleich von mehreren europäischen Kriegsherren. Errichtet wurde Schenkenschanz 1586 von dem Söldnerführer Martin Schenk von Nydeggen, einem echten Haudegen. Dieser Flecken befand sich zu jener Zeit an der Spitze einer Rheininsel, die genau an der Gabelung der Ströme Rhein und Waal lag. Ein strategisch wichtiger Punkt, der lange Zeit als „Tor zu den Niederlanden" galt.

Scharen von Wildgänsen überwintern auf den Wiesen rund um Schenkenschanz.

Lagunenland-
schaft aus
Wasser, Schilf
und Auwald

Zeitweise beherbergte die Festung weit mehr als 1 000 Soldaten. Und auch die Auswanderer aus der Kurpfalz gingen
hier vor Anker. Später verlagerten sich die Flussläufe und
in Schenkenschanz kehrte Ruhe ein. Heute wirkt es wie ein
Dorf am Ende der Welt.

Wer **Wildgänse** sehen will, sollte auf der anderen Seite
von Schenkenschanz schnurgeradeaus ins Grüne marschieren. An der Gabelung am Waldrand geht es dann
nach links und nach wenigen Metern erreicht man eine
Naturschutzwiese, hinter der die Rheinschiffe vorbeitrei-
ben. Hier versammeln sich im Winter Tausende von Wildgänsen. In den letzten Jahrzehnten hat sich der untere
Niederrhein zu einem der beliebtesten Rastplätze für die
„Nomaden der Lüfte" im Westen Europas entwickelt.

Bis zu 180 000 Wildgänse überwintern zwischen Duisburg und Nimwegen. Die meisten der gefiederten Gäste kommen aus Sibirien und haben dann rund 6 000 Kilometer auf dem Buckel. Die Ersten trudeln Ende Oktober/ Anfang November ein. Sie sind aber nur die Vorhut, größere Schwärme rücken Ende November nach. Sie bleiben bis Ende Februar – je nach Wetterlage.

Außen an der Hochwasserschutzmauer entlang marschieren wir zurück zum Parkplatz. Dann wird wieder mit der Fähre übergesetzt. Jetzt fahren wir aber geradeaus durch Düffelward, an der Kirche vorbei und kommen zur großen Hauptstraße „Klever Straße". In diese biegen wir rechts ein, bleiben nun immer geradeaus und durchqueren Keeken. Überall stehen Kopfweiden. Da in dieser Gegend so viele der knorrigen Bäume wachsen, kommt übrigens auch anderes Federvieh gerne an den Niederrhein: Rund 70 Prozent der gesamten deutschen Steinkauz-Population nistet hier. Ansonsten erinnert das Landschaftsbild sehr an Norddeutschland. Schmale Straßen, Weiden und schmucke Häuser, die sich wie friesische Höfe hinter den Deich ducken.

Kurz hinter Keeken taucht an der Landstraße ein kleines **Besucherzentrum** auf. Dort kann man sich über Mensch und Natur am Niederrhein schlau machen und – bei lauen Temperaturen – im alten Garten des Bauernhofcafés „Café im Gärtchen" einen ländlichen Snack zu sich nehmen. Anschließend fahren wir weiter geradeaus durch Bimmen, überqueren die Grenze und finden uns in Millingen aan de Rijn wieder. Ein holländisches Städtchen, das eine gewisse Gelassenheit ausstrahlt und zum Bummeln einlädt. Nun haben Sie die Wahl: Sie können den Tag in Millingen ausklingen lassen, noch einen kleinen Abstecher ins Naturschutzgebiet Millingerwaard unternehmen oder weiter den Wildgänsen hinterherfahren.

Abstecher ins Naturschutzgebiet Millingerwaard

Die **Millingerwaard** erkundet man am besten von der nächsten Ortschaft aus, Kekerdom. Geparkt wird bei der Kirche. Sie ist übrigens die einzige in ganz Holland, die vor dem Deich liegt. Unmittelbar neben der Kirche führt ein Wanderweg ins Grüne. Wir marschieren an einem Teich vorbei geradeaus in die Auenlandschaft. Nun kann man das weitläufige Gelände auf eigene Faust erkunden. Rechter Hand führt bald ein Weg zum Vogelkijkhuis, das an einem See liegt. Geradeaus geht es zu einer alten Backsteinfabrik und, endlich, auch zum Ufer der Waal. Hier erwartet den Besucher ein urtümlicher Wald mit kleinen Seen, bizarren Baummonumenten und einer lieblichen Flussdünenlandschaft, der im Frühling natürlich lieblicher ist. Außerdem kann man auf dem Gelände freilaufenden Konik-Pferden und halbzahmen Galloways begegnen. Von April bis Ende Oktober ist auch das exotische Gartencafé „Theetuin" geöffnet: ein Teegarten im maurischen Stil, der zum Ausspannen inmitten von Palmen, Feigen, Bananenstauden und klassischer chinesischer Musik einlädt.

Ganz weit weg von der Welt: die Millingerwaard im Winter

Autowanderer, die noch mehr Wildgänse sehen wollen, können auf dem Deich wenige Kilometer weiter nach Holland hineinfahren. Im Naturschutzgebiet **Kaliwaal** sind die Chancen, diese Vögel zu treffen, mit am größten. Denn dort versammeln sie sich des Abends, um auf dem Wasser zu übernachten.

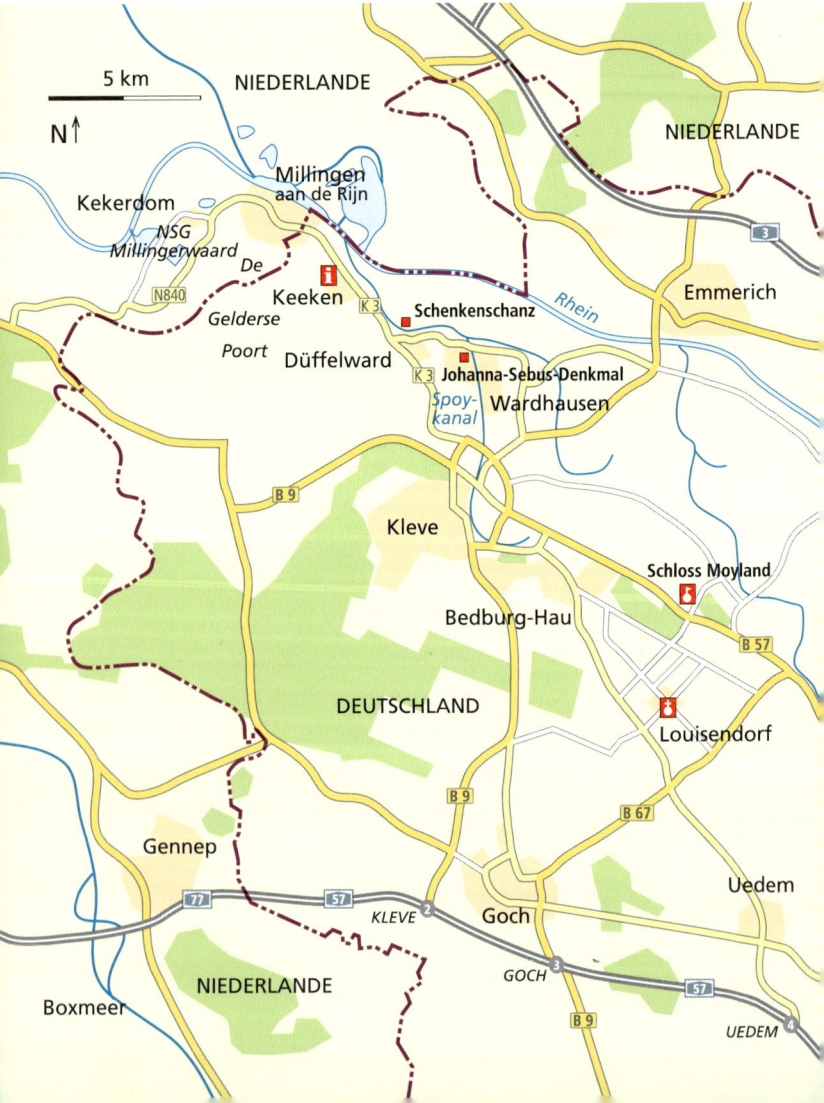